PETER LERCHE / CHRISTIAN PESTALOZZA

Die bergrechtliche Förderabgabe im System des horizontalen Finanzausgleichs und der Bundesergänzungszuweisungen nach Art. 107 II GG

Studien und Gutachten aus dem Institut für Staatslehre,
Staats- und Verwaltungsrecht der Freien Universität Berlin

Heft 13

Die bergrechtliche Förderabgabe im System des horizontalen Finanzausgleichs und der Bundesergänzungszuweisungen nach Art. 107 II GG

Zur Verfassungswidrigkeit des Art. 6 Nr. 3 und 4
Haushaltsbegleitgesetz 1983 und gewisser Formen der „Berücksichtigung"
der Förderabgabe bei den Ergänzungszuweisungen

Rechtsgutachten
erstattet im Auftrag der Niedersächsischen Landesregierung

Von

Prof. Dr. Peter Lerche und Prof. Dr. Christian Pestalozza

DUNCKER & HUMBLOT / BERLIN

CIP-Kurztitelaufnahme der Deutschen Bibliothek

Lerche, Peter:
Die bergrechtliche Förderabgabe im System des horizontalen Finanzausgleichs und der Bundesergänzungszuweisungen nach Art[ikel] 107 II GG: zur Verfassungswidrigkeit d. Art. 6 Nr. 3 u. 4 Haushaltsbegleitgesetz 1983 u. gewisser Formen d. „Berücks." d. Förderabgabe bei d. Ergänzungszuweisungen; Rechtsgutachten, erstattet im Auftr. d. Niedersächs. Landesregierung / von Peter Lerche u. Christian Pestalozza. — Berlin: Duncker und Humblot, 1984.
 (Studien und Gutachten aus dem Institut für Staatslehre, Staats- und Verwaltungsrecht der Freien Universität Berlin; H. 13)
 ISBN 3-428-05598-5

NE: Pestalozza, Christian:; Institut für Staatslehre, Staats- und Verwaltungsrecht ⟨Berlin, West⟩: Studien und Gutachten ...

Alle Rechte vorbehalten
© 1984 Duncker & Humblot, Berlin 41
Gedruckt 1984 bei Berliner Buchdruckerei Union GmbH., Berlin 61
Printed in Germany
ISBN 3-428-05598-5

Inhaltsverzeichnis

A. Thema und Ausgangslage

I. *Das Thema* 11

   1. Art. 6 Haushaltsbegleitgesetz 1983 11

   2. Insbesondere: Nrn. 3 und 5 des Art. 6 Haushaltsbegleitgesetz 13

      a) Art. 6 Nr. 3 Haushaltsbegleitgesetz 13

      b) Art. 6 Nr. 5 Haushaltsbegleitgesetz 14

   3. Beanstandungen Nordrhein-Westfalens 14

   4. Gutachtenauftrag 14

II. *Die normative und finanzielle Ausgangslage* 15

   1. Die Förderabgabe nach dem Bundesberggesetz 15

      a) Bergfreie und grundeigene Bodenschätze 15

      b) Die einzelnen Bergberechtigten 15

      c) Die Feldesabgabe 16

      d) Die Förderabgabe 16

      e) Das „Konzessionssystem" in der Sicht des Gesetzgebers 16

      f) Die Ermächtigung der Landesregierung gemäß § 32 BBergG .. 17

   2. Die landesrechtliche Ausgestaltung 18

      a) Die Ausführungsverordnungen 18

      b) Die Rechtslage in Niedersachsen 18

         aa) Die Regelung nach der Verordnung 1981 18

         bb) Die Änderungen nach der Verordnung 1982 19

         cc) Der niedersächsische Rechtszustand bis zum 1.1.1982 19

            aaa) Der Staatsvorbehalt für Erdöl 19

            bbb) Ansätze zur Abgabenregelung 21

      c) Die bergrechtlichen Verwaltungsgebühren 21

   3. Die finanzielle Bedeutung der Förderabgabe 22

   4. Die Einbeziehung der Förderabgabe in den horizontalen Länderfinanzausgleich 23

      a) Die Initiative im Bundesrat 24

6 Inhaltsverzeichnis

   b) Die Position der Bundesregierung 25
   c) Sachverständigenanhörung vor dem Finanzausschuß des Bundestages 25
   d) Gutachtliche Äußerungen der Sachverständigen 26
    aa) Kirchhof 26
    bb) Kisker 27
    cc) Schiedermair 27
   e) Der weitergehende hessische Antrag 28
   f) Auswirkungen der Neuregelung 28
  5. Förderabgabe und Ergänzungszuweisungen nach Art. 107 II 3 GG 29
   a) Position der Bundesregierung 30
   b) Änderungsvorschläge Bremens und Nordrhein-Westfalens ... 30
   c) Stellungnahme der Sachverständigen 32
    aa) Kirchhof 32
    bb) Friauf 33
    cc) Kisker 33
    dd) Schiedermair 34
    ee) Selmer 35
    ff) Die uneinheitliche Bilanz der Sachverständigenanhörung 36
   d) Der Vorstoß Bremens und Nordrhein-Westfalens 36

B. Förderabgabe und horizontaler Finanzausgleich, Art. 107 II 1, 2 GG

I. *Gang der weiteren Untersuchung* 37

II. *Der Finanzausgleich als Steuerkraftausgleich?* 37

 1. Auslegungskriterien 37

 2. Entstehungsgeschichtliche Argumente für die strikte Interpretation des Art. 107 II 1, 2 GG 39

  a) Der Steuerschwäche-Ausgleich nach Art. 106 IV GG 1949 39
  b) Die Gleichsetzung von Steuer- und Finanzkraft durch die Finanzausgleichsgesetze 1951 bis 1954 40
  c) Die Neufassung des Art. 107 GG durch das Finanzverfassungsgesetz 1955 41
   aa) Die Regelung im einzelnen 42
   bb) Verdunkelung der Zusammenhänge durch S. 4 des Art. 107 I GG seit der Finanzreform 1969 43
   cc) Der Steuerkraft-Ausgleich in der Sicht der Regierungsbegründung 43
   dd) Weitere Belege aus der Regierungsbegründung 44

            ee) Das Nivellierungsverbot in der Sicht der Bundesregierung 45
            ff) Die Verklammerung von Art. 106 I mit Art. 107 in den
                Augen des Verfassungsgebers 45
        d) Länderfinanzausgleichsgesetz 1955 46
        e) Das Finanzreformgesetz 1969 47
            aa) Der Gang der Verfassungsänderung 47
            bb) Die bescheidene Zielsetzung der Bundesregierung 48
            cc) Weitergehende Vorschläge und ihre Bedeutung 48
            dd) Vorschläge und Motive des Vermittlungsausschusses 50
        f) Folgerungen aus dem Finanzausgleichsgesetz 1969 50
        g) Bilanz 52
    3. Zum systematischen Standort des Art. 107 II 1, 2 GG und seinen
       Konsequenzen 52
        a) Das „System" des Art. 107 GG 52
            aa) Die sprachliche Verbindung des Art. 107 II 1 zu Art. 107 I
                GG 52
            bb) Die systematische Interpretation des Begriffs der „Landessteuer" 53
            cc) Finanzkraft und Finanzbedarf 55
        b) Art. 107 GG im System der Art. 106 ff. GG 58
            aa) Die „Einheitlichkeit der Lebensverhältnisse" als Klammer 58
            bb) Finanzausgleich und Deckungsbedürfnisse 59
    4. Zur bisherigen Staatspraxis 60
        a) Das verfassungsrechtliche Gewicht der Staatspraxis 60
        b) Schwächung dieses Gewichtes durch überraschende Entwicklungen? 60
        c) Staatspraxis und schonender Übergang 61
    5. Gegenaspekte aus „Sinn und Zweck"; Zwischenbilanz 63
        a) Wortlautargumente 63
        b) Teleologische Argumente 63

III. *Die Förderabgabe als Steuer?* 64
    1. Der Steuerbegriff des Grundgesetzes 64
        a) Rezeption des einfachgesetzlichen Begriffs 64
        b) Gespaltener oder weiter Steuerbegriff? 65
            aa) Die Argumentation Krefts 65
            bb) Widerlegung 65
    2. Die „besondere Leistung" des Staates nach dem Bundesberggesetz 66
        a) Gesonderte Abgeltung der Kosten der Amtshandlung 66

Inhaltsverzeichnis

    b) Anknüpfung der Förderabgabe an die bereits erlangte Rechtsposition 66

    c) Verwandtschaft zu den „Konzessions-Steuern"? 67

        aa) Die Schankerlaubnissteuer 67

        bb) Die Spielbankabgabe 69

    d) Besonderheiten der Förderabgabe 70

        aa) Die Verschaffung einer exklusiven Rechtsposition 70

        bb) Die Hingabe der Bodenschätze 70

  3. Die Bestätigung aus altem Recht 72

  4. Die Übereinstimmung mit der herrschenden Meinung 73

    a) Regierungsbegründung und Literatur 73

    b) Gegenstimmen 73

        aa) Schulte 73

        bb) Kirchhof 74

    c) Bilanz 75

  5. Besteuerbarkeit der Erdölgewinnung? 76

  6. Positive Qualifikation der Förderabgabe 76

IV. *Die Förderabgabe als Quasi-Steuer?* 78

  1. Gebühren-Mehrwert als Steuer? 78

    a) Doppelqualifikation einer Abgabe? 78

    b) Die Förderabgabe als Gebühr 80

        aa) aus der Sicht des Kostendeckungsprinzips 80

        bb) aus der Sicht des Äquivalenzprinzips 80

    c) Bilanz 81

  2. Die „Fungibilität" der Einnahmen als steuertypisches Merkmal? 81

    a) Die Argumentation Kiskers 81

    b) Kritik 81

        aa) Irrelevanz der Kosten der Amtshandlung 81

        bb) Doppeldeutigkeit der „Fungibilität" 81

            aaa) „Fungibilität" und „Rechts"-Bindung des Aufkommens 82

            bbb) „Fungibilität" und „betriebswirtschaftliche" Bindung des Aufkommens 83

            ccc) Negativfunktion des Kriteriums 83

        cc) Zur „Fungibilität" der Förderabgabe 84

    c) Andere Stimmen 85

        aa) Terminologische Klarstellung 85

bb) Die Argumentation Krefts 85
    aaa) 1968 85
    bbb) 1977 86
    ccc) Zirkelschluß? 86
  cc) Die Argumentation Clausens 86
    aaa) Zum Sprachgebrauch 87
    bbb) Mehrwert und Zulässigkeit der Gebühr 87
    ccc) Zulässigkeit von Lenkungszwecken 87
    ddd) Fungible Einnahmen und Finanzausgleich 87
    eee) Die Förderabgabe als nicht-fungible Einnahme i. S. Clausens 87

 3. Förderabgabe und Lenkungszweck 87
   a) Abgabe und windfall profits 87
   b) Steuerliche Qualifikation der Lenkungsabgabe? 88
   c) Irrelevanz der Abschöpfungsabsicht 88
     aa) Zulässigkeit der Lenkung durch Gebühr 88
     bb) Lenkung und Steuer 89
     cc) Lenkung und Entgeltcharakter der Abgabe 89
   d) Bilanz 89

V. *Finanzausgleich im weiteren Sinne und Förderabgabe* 89

 1. Einbeziehung der steuerähnlichen Einnahmen? 90

 2. Zunahme des Volumens der nicht-steuerlichen Einnahmen? 90
   a) Das Verhältnis der steuerlichen zu den nicht-steuerlichen Einnahmen 90
   b) Voraussetzungen der Ausgleichsfähigkeit nicht-steuerlicher Einnahmen 91

 3. Die Förderabgabe als vermögensunwirksame Einnahme 91
   a) Nettovermögensstatus und Liquiditätsvermehrung 92
   b) Der Steuerbedarf als Restbedarf 92
   c) Die Wirkungen der Förderabgabe 92
   d) Wem „gehören" die Bodenschätze? 93
     aa) Die Landeszugehörigkeit nach dem BBergG 93
     bb) Durchbrechung des bergrechtlichen Systems durch das Finanzausgleichsgesetz? 95
       aaa) Die Freiheit des späteren Gesetzgebers 95
       bbb) Systembruch? 95
     cc) Art. 107 II GG und Abgabengläubigerstellung 95
     dd) Reichweite der bergrechtlichen Gesetzgebungskompetenz 96
   e) Bilanz 97

VI. *Die Erschöpfbarkeit der Bodenschätze* 97

    1. Auswirkungen auf Art. 107 II 1, 2 GG 98

        a) Das Argument der „Substanzverzehr" 98

        b) Die Substanzneutralität des horizontalen Finanzausgleichs als Verfassungsgebot 98

    2. Auswirkungen auf Art. 106 GG 99

        a) Der Begriff der „laufenden Einnahmen" 99

        b) Förderabgabe als „laufende Einnahme"? 100

VII. *Heilung durch Kompromiß?* 100

    1. Der Einfluß der Zustimmung einzelner Bundesratsmitglieder auf die Verfassungsmäßigkeit von Gesetzen 100

        a) Die Zustimmung als eine von mehreren Wirksamkeitsvoraussetzungen 100

        b) Materiellrechtliche Wirkungen der Zustimmung? 101

    2. Die Funktion der niedersächsischen „Rechtsverwahrung" 101

C. Förderabgabe und Bundesergänzungszuweisungen nach Art. 107 II 3 GG

I. *Techniken der Einbeziehung der Förderabgabe in die Bundesergänzungszuweisungen* 102

II. *Grundgedanken des Art. 107 II 3 GG* 103

    1. Subsidiarität und Spitzenausgleichsfunktion der Ergänzungszuweisungen 103

        a) Redaktionelle Indizien 103

        b) Die Entstehungsgeschichte 104

        c) Der Wortlaut 104

    2. Der horizontale Finanzausgleich als verbindliche und ausschließliche Grundlage der Ergänzungszuweisungen 104

III. *Folgerungen für das Aufkommen aus der Förderabgabe* 105

IV. *Sonderregeln für die Übergangszeit?* 106

D. Zusammenfassung der Untersuchungsergebnisse   107

A. Thema und Ausgangslage*

I. Das Thema

1. Art. 6 Haushaltsbegleitgesetz 1983

Art. 6 des Gesetzes zur Wiederbelebung der Wirtschaft und Beschäftigung und zur Entlastung des Bundeshaushalts (Haushaltsbegleitgesetz 1983) vom 20. Dezember 1982 (BGBl. I S. 1857) ändert das Gesetz über den Finanzausgleich zwischen Bund und Ländern vom 28. August 1969 (BGBl. I S. 1432), zuletzt geändert durch das Gesetz vom 10. Mai 1980 (BGBl. I S. 560), in der folgenden Weise:

1. § 1 wird wie folgt gefaßt:

„§ 1 Anteile von Bund und Ländern an der Umsatzsteuer.

(1) Vom Aufkommen der Umsatzsteuer stehen für die Jahre 1981 und 1982 dem Bund 67,5 vom Hundert und den Ländern 32,5 vom Hundert und für die Jahre 1983, 1984 und 1985 dem Bund 66,5 vom Hundert und den Ländern 33,5 vom Hundert zu.

(2) Für das Jahr 1981 erhöht sich der Bundesanteil an der Umsatzsteuer um 1 Milliarde DM."

2. In § 2 Abs. 2 Satz 1 und Abs. 3 Satz 1 werden jeweils nach den Worten „§ 7 Abs. 1" die Worte „und 2" gestrichen.

3. § 7 wird wie folgt geändert:

a) Absatz 2 erhält folgende Fassung:

„(2) Den Steuereinnahmen der Länder gemäß Absatz 1 werden hinzugesetzt

ab Ausgleichsjahr 1983   33¹/₃ vom Hundert,
ab Ausgleichsjahr 1986   50 vom Hundert

des Aufkommens aus der Förderabgabe nach § 31 des Bundesberggesetzes."

b) Absatz 4 erhält folgende Fassung:

„(4) Zur Abgeltung übermäßiger Belastungen werden von den Steuereinnahmen

     des Saarlandes   55 000 000 DM
     und des Landes Schleswig-Holstein   30 000 000 DM

abgesetzt. Der für das Saarland vorgesehene Betrag erhöht sich vom Ausgleichsjahr 1984 an auf 65 000 000 DM."

---

* Die Untersuchung wurde, von geringfügigen Änderungen abgesehen, im Oktober 1983 abgeschlossen.

4. In § 10 werden

a) in Absatz 3 jeweils hinter dem Wort „Steuereinnahmen" die Worte „und Einnahmen aus der bergrechtlichen Förderabgabe",

b) in Absatz 4 Satz 2 hinter dem Wort „Landessteuereinnahmen" die Worte „und die Einnahmen aus der bergrechtlichen Förderabgabe" und

c) in den Absätzen 5 und 6 jeweils hinter dem Wort „Steuereinnahmen" die Worte „sowie die Einnahmen aus der bergrechtlichen Förderabgabe"

eingefügt.

5. § 11 a wird wie folgt geändert:

a) Absatz 1 erhält folgende Fassung:

„(1) Der Bund gewährt den in Absatz 2 genannten ausgleichsberechtigten Ländern in den Jahren 1981, 1982, 1983, 1984 und 1985 jährlich Zuweisungen in Höhe von insgesamt 1,5 vom Hundert des Umsatzsteueraufkommens zur ergänzenden Deckung ihres allgemeinen Finanzbedarfs (Ergänzungszuweisungen)."

b) Absatz 2 erhält folgende Fassung:

„(2) Die Zuweisungen nach Absatz 1 werden an die nachstehenden Länder in folgendem Verhältnis verteilt:

für die Jahre 1981 und 1982

Bayern	21,8 vom Hundert
Niedersachsen	36,9 vom Hundert
Rheinland-Pfalz	20,6 vom Hundert
Saarland	5,8 vom Hundert
Schleswig-Holstein	14,9 vom Hundert
	100,0 vom Hundert

für das Jahr 1983

Bayern	21,2 vom Hundert
Niedersachsen	35,8 vom Hundert
Rheinland-Pfalz	20,0 vom Hundert
Saarland	8,5 vom Hundert
Schleswig-Holstein	14,5 vom Hundert
	100,0 vom Hundert

für die Jahre 1984 und 1985

Bayern	20,8 vom Hundert
Niedersachsen	34,3 vom Hundert
Rheinland-Pfalz	19,7 vom Hundert
Saarland	9,7 vom Hundert
Schleswig-Holstein	15,5 vom Hundert
	100,0 vom Hundert."

I. Das Thema 13

6. In § 13 Nr. 1 werden hinter dem Wort „Steuereinnahmen" die Worte „und die Einnahmen aus der bergrechtlichen Förderabgabe" eingefügt.

7. § 17 Abs. 1 wird wie folgt gefaßt:

„(1) Die in § 1 dieses Gesetzes festgelegte Aufteilung der Umsatzsteuer gilt jeweils für alle Beträge, die während der Geltungsdauer eines Beteiligungsverhältnisses vereinnahmt oder erstattet werden."

2. Insbesondere: Nrn. 3 und 5 des Art. 6 Haushaltsbegleitgesetz

Im Zentrum der folgenden Untersuchung stehen die Nummern 3 und 5 des Art. 6 Haushaltsbegleitgesetz.

a) Nach §§ 4 ff. des Gesetzes über den Finanzausgleich zwischen Bund und Ländern (künftig: FAG) wird der in Art. 107 II 1, 2 GG vorgesehene Finanzausgleich unter den Ländern in der Weise durchgeführt, daß aus Beiträgen der ausgleichspflichtigen Länder (Ausgleichsbeiträgen) Zuschüsse an die ausgleichsberechtigten Länder (Ausgleichszuweisungen) geleistet werden. Ausgleichspflichtig sind die Länder, deren Steuerkraftmeßzahl in dem Rechnungsjahr, für das der Ausgleich durchgeführt wird (Ausgleichsjahr), ihre Ausgleichsmeßzahlen übersteigt. Ausgleichsberechtigt sind die Länder, deren Steuerkraftmeßzahl im Ausgleichsjahr ihre Ausgleichsmeßzahl nicht erreicht.

Die Steuerkraftmeßzahl eines Landes ist die Summe der Steuereinnahmen des Landes nach § 7 FAG und der Steuereinnahmen seiner Gemeinden nach § 8 FAG. Die Ausgleichsmeßzahl eines Landes ist die Summe der beiden Meßzahlen, die zum Ausgleich der Steuereinnahmen der Länder (§ 7) und zum Ausgleich der Steuereinnahmen der Gemeinden (§ 8) getrennt festgestellt werden. Die Meßzahlen ergeben sich aus den auszugleichenden Steuereinnahmen je Einwohnerbundesdurchschnitt, vervielfacht mit der Einwohnerzahl des Landes; hierbei sind die nach § 9 FAG gewerteten Einwohnerzahlen zugrundezulegen.

Nach § 7 I FAG gelten als Steuereinnahmen eines Landes die ihm im Ausgleichsjahr zugeflossenen Einnahmen

— aus seinem Anteil an der Einkommensteuer und der Körperschaftsteuer;

— aus seinem Anteil an der Gewerbesteuerumlage nach § 6 des Gemeindefinanzreformgesetzes;

— aus der Vermögensteuer, der Erbschaftsteuer, der Kraftfahrzeugsteuer, der Biersteuer und Rennwett- und Lotteriesteuer mit Ausnahme der Totalisatorsteuer;

— ferner die nach § 2 FAG für das Ausgleichsjahr festgestellten Anteile an der Umsatzsteuer.

Art. 6 Nr. 3 a) gibt § 7 II FAG nunmehr die folgende Fassung:

„(2) Den Steuereinnahmen der Länder gemäß Abs. 1 werden hinzugesetzt
ab Ausgleichsjahr 1983 $33^1/_3$ vom Hundert,
ab Ausgleichsjahr 1986   50 vom Hundert
des Aufkommens aus der Förderabgabe nach § 31 des Bundesberggesetzes."

b) Art. 6 Nr. 5 betrifft die Ergänzungszuweisungen des Bundes an die Länder gemäß Art. 107 II 3 GG. Dem Finanzausgleichsgesetz 1969 hatte das Gesetz zur Änderung des Gesetzes über den Finanzausgleich zwischen Bund und Ländern vom 12. März 1971 (BGBl. I S. 187) einen § 11 a eingefügt, der für Bayern, Niedersachsen, Rheinland-Pfalz, das Saarland und Schleswig-Holstein Ergänzungszuweisungen des Bundes für 1970 und 1971 in unterschiedlicher Höhe vorsah. Nach der Neuregelung stellt der Bund insgesamt 1,5 % des Umsatzsteueraufkommens dafür zur Verfügung. Es wird sich der Anteil des Saarlandes und Schleswig-Holsteins von 1981 bis 1985 auf Kosten Bayerns, Niedersachsens und von Rheinland-Pfalz von 5,8 auf 9,7 % bzw. von 14,9 auf 15,5 % erhöhen. Die relativ geringfügige Umschichtung läßt nicht erkennen, daß hierbei die Förderabgabe nach § 31 Bundesberggesetz berücksichtigt worden wäre.

3. Beanstandungen Nordrhein-Westfalens

Dem Vernehmen nach hat das Land Nordrhein-Westfalen ein Normenkontrollverfahren beim Bundesverfassungsgericht gegen Art. 6 Haushaltsbegleitgesetz 1983 eingeleitet. Das Land wendet sich insbesondere dagegen, daß die Förderabgabe im Rahmen des Finanzausgleichs nach Art. 107 II 1, 2 GG bis 1985 nur zu einem Drittel, ab 1986 nur zur Hälfte berücksichtigt werden soll. Ferner beanstandet es, daß die Förderabgabe auf die Höhe der Ergänzungszuweisungen nach Art. 107 II 3 GG ohne Einfluß bleiben soll.

4. Gutachtenauftrag

Die Niedersächsische Staatskanzlei hat die Verfasser gebeten zu untersuchen, ob die Regelung des Art. 6 Haushaltsbegleitgesetz 1983 im Einklang mit dem Grundgesetz steht.

II. Die normative und finanzielle Ausgangslage

1. Die Förderabgabe nach dem Bundesberggesetz

Das Bundesberggesetz (BBergG) vom 13. August 1980 (BGBl. I S. 1310) hat das Bergrecht vereinheitlicht und zum Teil erneuert[1].

a) Das Gesetz unterscheidet bergfreie und grundeigene Bodenschätze, § 3. Grundeigene Bodenschätze stehen im Eigentum des Grundeigentümers; dagegen erstreckt sich das Eigentum an einem Grundstück auf bergfreie Bodenschätze nicht. Was zu den bergfreien Bodenschätzen rechnet oder als solcher gilt, beschreibt im wesentlichen § 3 III BBergG.

b) Hinsichtlich des Zugriffs auf bergfreie Bodenschätze unterscheidet das BBergG zwischen Aufsuchen und Gewinnen. Aufsuchen ist die mit-

---
[1] Zur Entstehungsgeschichte:
BRDrucks. 260/77; 260/1—8/77; PlPr 450/77.
BTDrucks. 8/1315; PlPr 8/66; Drucks. 8/3965, 3966, 4009; PlPr 8/217.
BRDrucks. 286/80; 286/1—10/80; PlPr 488/80.
BTDrucks. 8/4220; 4331; PlPr 8/230.
BRDrucks. 419/80; PlPr 490/80.
Vgl. auch die Zusammenstellung einiger Texte bei *Zydek*, Bundesberggesetz (BBergG) mit amtlicher Begründung und anderen amtlichen Materialien, 1980 (S. 15—25 zum langwierigen Gang der Gesetzgebung).
Aus der *Literatur* zum BBergG vgl. *Reimnitz*, Rechtlicher Inhalt und Bedeutung der Regelung des Berechtsamswesens im Regierungsentwurf eines Bundesberggesetzes von 1975, Diss. Freiburg i. Br. 1976; *Schulte*, Grundzüge eines neuen Bergrechts, ZfB 115 (1974), 12; *dens.*, Die Bergbauberechtigungen nach dem Regierungsentwurf für ein Bundesberggesetz, ZfB 119 (1978), 414; *dens.*, Neuordnung des Bergrechts, ZRP 1979, 169; *dens.*, Das Bergschadensrecht nach dem Regierungsentwurf für ein Bundesberggesetz, BB 1980, 76; *dens.*, Das Bundesberggesetz, NJW 1981, 88; *Zeiler*, Grundeigentum und Ersatz für Bergschäden nach dem Regierungsentwurf eines Bundesberggesetzes, DB 1980, 529; *Kühne*, Zulassung und Ausübung des Bergbaus bei Kollisionen mit anderen öffentlichen Interessen — zugleich ein Beitrag zu § 47 RegE BBergG —, ZfB 121 (1980), 58; *dens.*, Die Förderabgabe im Schnittpunkt von Bergrecht und Finanzverfassungsrecht, DB 1982, 1963; *Karpen*, Grundeigentum und Bergbaurechte nach dem Bundesberggesetz vom 13. 8. 1980, AöR 106 (1981), 15; *Erbguth*, Verfassungsrechtliche Fragen im Verhältnis Landesplanung und Braunkohleplanung, DVBl. 1982, 1; *Hoppe*, Bergbauberechtigung als verfassungskräftige Eigentumsposition und ihr Schutz gegenüber Planung, DVBl. 1982, 101; *Dapprich / Franke*, Leitfaden des Bergrechts, 7. Aufl. 1982, S. 40 ff.; *Piens / Schulte / Graf Vitzthum*, Bundesberggesetz, Kommentar, 1983; *Winkler / Sagolla*, Bergbau kontra Planungsrecht? ZfB 123 (1982), 347; *Römermann*, Bergbau kontra Planungsrecht, ZfB 124 (1983), 94. Aus dem energiepolitischen Umfeld vgl. *Nicolaysen*, Fördergewinne und Verbrauchsteuer, 1981; *dens.*, Bewilligung und Förderabgabe nach dem Bundesberggesetz unter besonderer Berücksichtigung der Förderung von Erdöl und Erdgas, 1982; *Schmitt / Schneider / Schürmann*, Zur Problematik einer Erdgassteuer, ZfE 1982, 63. Zur Zersplitterung des Bergrechts in der Bundesrepublik vor dem BBergG vgl. *Isay*, Entwurf eines Bundesberggesetzes, 1954, S. 7 ff., und die Darstellung in ZfB 97 (1956), 184; 98 (1957), 100; 99 (1958), 339; 107 (1966) 300; 110 (1969), 65; 112 (1971), 66; 114 (1973), 46; 122 (1981), 410.
Aus der *Rechtsprechung* vgl. BGHZ 19, 209; 50, 180; 53, 226; 57, 375; 59, 332; 71, 329. Zu ihr insbesondere *Weitnauer*, Grundeigentum und Bergbau, JZ 1973, 73 ff.

telbar oder unmittelbar auf die Entdeckung oder Feststellung der Ausdehnung von Bodenschätzen gerichtete Tätigkeit, Gewinnen das Lösen oder Freisetzen von Bodenschätzen einschließlich der damit zusammenhängenden vorbereitenden, begleitenden und nachfolgenden Tätigkeiten, § 4 BBergG.

Wer bergfreie Bodenschätze aufsuchen will, bedarf der Erlaubnis, wer bergfreie Bodenschätze gewinnen will, der Bewilligung oder des Bergwerkeigentums, § 6 BBergG. Die Erlaubnis gewährt das ausschließliche Recht, nach den Vorschriften des BBergG in einem bestimmten Feld (Erlaubnisfeld) die in der Erlaubnis bezeichneten Bodenschätze aufzusuchen und bei planmäßiger Aufsuchung notwendigerweise zu lösende oder freizusetzende Bodenschätze zu gewinnen oder Eigentum daran zu erwerben, § 7 BBergG. Die Bewilligung gewährt das ausschließliche Recht, nach den Vorschriften des BBergG in einem bestimmten Feld (Bewilligungsfeld) die in der Bewilligung bezeichneten Bodenschätze aufzusuchen, zu gewinnen und andere Bodenschätze mitzugewinnen sowie das Eigentum an den Bodenschätzen zu erwerben, § 8 BBergG. Das Bergwerkseigentum gewährt das ausschließliche Recht, nach den Vorschriften des BBergG die in § 8 I bezeichneten Tätigkeiten und Rechte auszuüben; grundsätzlich sind die für Grundstücke geltenden Vorschriften des BGB entsprechend anzuwenden, § 9 BBergG.

c) Der Inhaber einer Erlaubnis zur Aufsuchung zu gewerblichen Zwecken hat jährlich eine *Feldesabgabe* an das Land zu entrichten, in dem das Erlaubnisfeld liegt. Die Abgabe beträgt im ersten Jahr nach Erteilung 10 DM je angefangenen Quadratkilometer und erhöht sich jedes folgende Jahr um weitere 10 DM bis zum Höchstbetrag von 50 DM je angefangenen Quadratkilometer. Vgl. § 30 BBergG.

d) Der Inhaber einer Bewilligung bzw. des Bergwerkseigentums hat jährlich eine *Förderabgabe* an das Land zu entrichten, in dem das Bewilligungsfeld liegt. Die Abgabe beträgt 10 % des Marktwertes, der für im Geltungsbereich dieses Gesetzes gewonnene Bodenschätze dieser Art innerhalb des Erhebungszeitraums durchschnittlich erzielt wird. Vgl. im einzelnen § 31 BBergG.

e) Der Gesetzgeber hat die beiden Abgaben als „öffentlich-rechtliche Verleihungsgebühren" verstanden. „Die Abgaben knüpfen an eine staatliche Leistung an, die nicht nur in der Erteilung einer Erlaubnis oder Bewilligung als solcher besteht — hierfür kämen nur Verwaltungsgebühren in Betracht —, sondern vor allem in der Zulassung, eine an sich nicht erlaubte Tätigkeit auszuüben und hierbei einige ausschließliche Rechte für sich in Anspruch nehmen zu können. Bei der Erlaubnis ist dies insbesondere der Ausschluß Dritter, die ebenfalls zu

II. Die normative und finanzielle Ausgangslage

gewerblichen Zwecken aufsuchen wollten, aber auch die — wenngleich beschränkte — Aneignungsbefugnis. Bei der Bewilligung und beim Bergwerkseigentum sind es der absolute Ausschluß Dritter sowie eine uneingeschränkte ausschließliche Aneignungsbefugnis und die damit verbundene Sicherung einer wirtschaftlichen Position."[2] Dieses Konzessionssystem lehnt sich an die bisherige Verwaltungspraxis an, vereinfacht und vereinheitlicht sie jedoch.

„Die Ausgestaltung des Systems der Konzessionsabgaben lehnt sich an das geltende Recht an. Es entspricht allgemeiner Übung und Verwaltungspraxis seit Einführung des Staatsvorbehalts, daß für die Einräumung des Rechts auf Aufsuchung und Gewinnung von Bodenschätzen eine Gegenleistung gefordert wird. Die Einnahmen aus diesen Leistungen sind seither ständig gestiegen und haben daher für die Haushalte der betreffenden Länder eine nicht geringe Bedeutung. Im übrigen entspricht die Erhebung solcher Abgaben der Praxis in nahezu allen Staaten mit nennenswertem Bergbau. Da die geltenden Berggesetze in der Bundesrepublik aber keine ausdrücklichen Regelungen über die Konzessionsabgaben enthalten, ist ihre Rechtsgrundlage umstritten. Erfordernisse der Rechtsstaatlichkeit, vor allem aber auch das wirtschaftliche Gewicht dieser Abgaben machen daher eine gesetzliche Regelung in gleichem Maße notwendig wie die Neugestaltung des bergbaulichen Berechtsamswesens."[3]

f) Feststellung, Erhebung und Änderung der Feldes- und Förderabgabe liegen in der Hand der Landesregierungen, § 32 BBergG. Durch Rechtsverordnung können sie insbesondere die Feldes- und Förderabgabe anpassen. Die Anpassung kann in einer Befreiung, in einer Änderung des Grundbetrages und der Staffelung bei Erlaubnissen sowie bei Bewilligungen und Bergwerkseigentum in einer Änderung des Prozentsatzes und des Bemessungsmaßstabes bestehen. Die Anpassung kann nur für bestimmte Bodenschätze und/oder bestimmte Gebiete, in jedem Fall für bestimmte Zeit vorgeschrieben werden.

Die Voraussetzungen derartiger Anpassungen sind im einzelnen in § 32 III BBergG geregelt. § 32 II 2 BBergG beschränkt Erhöhungen der Abgaben auf das Vierfache des Regelbetrages, d. h. bei der Förderabgabe also auf 40 % des Marktwertes des gewonenen Bodenschatzes.

Der Regierungsentwurf sah als Limit noch die Verdoppelung des Regelbetrages vor. Die geltende Regelung geht auf Vorschläge des Wirtschafts- und Finanzausschusses des Bundesrats und des Wirtschaftsausschusses des Bundestages zurück[4].

---

[2] Regierungsbegründung, BTDrucks. 8/1315, S. 95.
[3] Regierungsbegründung, a.a.O., S. 95. Vgl. auch ebenda, S. 69, 70, 71.
[4] Vgl. BRDrucks. 260/1/77, S. 24, Nr. 29; BTDrucks. 8/3965, S. 129 f.; Begründung: Abschöpfung der windfall-profits.

2. Die landesrechtliche Ausgestaltung

a) Die Landesregierungen haben von ihrer Zuständigkeit zur Regelung der Feldes- und Förderabgabe — z. T. mit Nuancen — Gebrauch gemacht; Einzelheiten sind insbesondere in den folgenden Verordnungen geregelt:

— *Baden-Württemberg:* Verordnung des Ministeriums für Wirtschaft, Mittelstand und Verkehr über Feldes- und Förderabgabe vom 8. Juli 1982, GBl. 368;

— *Bayern:* Verordnung über Feldes- und Förderabgaben vom 18. Dezember 1981, GVBl. S. 566; Änderungsverordnung vom 21. Dezember 1982, GVBl S. 1129;

— *Hessen:* Verordnung über Feldes- und Förderabgaben vom 11. Mai 1982, GVBl. I S. 111;

— *Niedersachsen:* Niedersächsische Verordnung über Feldes- und Förderabgabe vom 17. Dezember 1981, GVBl. S. 413; Änderungsverordnung vom 23. Dezember 1982, GVBl. S. 551;

— *Rheinland-Pfalz:* Landesverordnung über Feldes- und Förderabgabe vom 3. Juli 1982, GVBl. S. 271;

— *Saarland:* Verordnung über die Erhebung und Bezahlung der Feldesabgabe vom 22. Oktober 1982, ABl. S. 830;

— *Schleswig-Holstein:* Landesverordnung über Feldes- und Förderabgabe vom 10. Dezember 1981, GVBl. S. 318; Änderungsverordnung vom 25. Oktober 1982, GVBl. S. 254[5].

b) Speziell in *Niedersachsen* ist die Förderabgabe für Erdöl bis auf maximal 36 % des Marktwertes, für Erdgas und Erdölgas bis auf 38 % des Bemessungswertes gestiegen. Vertragliche Vereinbarungen hatten den Satz zunächst langfristig auf 5 % des Wertes des geförderten Öls bzw. Gases festgelegt. Vertragsänderungen erhöhten ihn ab 1. 9. 1976 auf 10 %, ab 1. 7. 1979 auf 15 %, ab 1. 1. 1980 auf 17 %, ab 1. 11. 1980 auf 22 %. Die VO 1981 sah mit Wirkung vom 1. 1. 1982 32 % vor. Die Änderungsverordnung 1982 legte mit Wirkung ab dem 1. 1. 1983 bis zum 31. 12. 1983 den Regelsatz für Öl je nach Gebiet auf 25 %, 32 % oder 36 %, für Erdgas oder Erdölgas auf 25 %, 32 %, 36 % oder 38 % fest.

aa) §§ 1—14 der nds. VO vom 17. 12. 1981 (GVBl. S. 413) enthielten Vorschriften über die Erhebung und Bezahlung der Abgaben sowie die Marktwerterrechnung. §§ 15—36 regelten die Abgaben für die verschie-

---

[5] Den Verordnungen lag nach *Kisker,* Der bergrechtliche Förderzins im bundesstaatlichen Finanzausgleich, 1983, S. 3, ein gemeinsamer Musterentwurf zugrunde, dem wohl auch der für 1982 einheitliche Abgabesatz zu verdanken war. Dazu auch *Bücker,* Regelung der Förderabgabe auf inländisches Erdöl und Erdölgas aufgrund der Niedersächsischen Verordnung über Feldes- und Förderabgaben vom 17. Dezember 1981, ZfB 123 (1982), 77 (78).

II. Die normative und finanzielle Ausgangslage

denen Bodenschätze. § 15 I setzte eine abweichende Feldesabgabe für die Zeit vom 1. Januar 1982 bis zum 31. Dezember 1991 für Erlaubnisse auf Erdöl, Erdgas, Braunkohle, Kalisalz, Steinsalz und Sole fest.

§§ 16—21 befaßten sich mit der Förderabgabe für Erdgas und Erdölgas. Dabei enthielten die §§ 18, 20, 24, 26 Vorschriften über Befreiungstatbestände. Der Marktwert für das Erdöl berechnete sich nach § 17 der VO nach dem gewogenen Mittel der Preise in DM/t, die für freigehandeltes, im Geltungsbereich des Bundesberggesetzes gewonnenes raffineriefähiges Erdöl einer Gruppe (i. S. des § 17 II) erzielt worden sind. Maßgeblich waren nur die im Erhebungszeitraum erzielten Preise, die unter Berücksichtigung von Preisen für importierte Rohöle gebildet worden sind. Bemessungsmaßstab für Naturgas war nach § 23 der konkret erzielte Preis[6].

bb) Die Änderungsverordnung 1982 führte für 1983 unterschiedliche Sätze für Öl und Gas ein und staffelte die Abgabehöhe für beide je nach Fördergebieten. Im Ergebnis liegt der durchschnittliche Satz für Öl weiterhin bei 32 %, für Gas nunmehr bei 36 %. Die Befreiungstatbestände wurden vielfältig differenziert[7].

cc) Das Bundesberggesetz und die Verordnung 1981 und 1982 haben in Niedersachsen einen Rechtszustand abgelöst, der gerade kurz zuvor einer landesweiten Bereinigung unterzogen worden war. Das Gesetz zur Änderung und Bereinigung des Bergrechts im Lande Niedersachsen vom 10. März 1978 (GVBl. S. 253) hatte insbesondere dem Allgemeinen Berggesetz für die Preußischen Staaten vom 24. Juni 1865 (Nds. GVBl. Sb. III S. 285) eine neue, im ganzen Lande geltende Fassung gegeben. Niedersachsen hatte vor der Bereinigung nicht zurückgeschreckt, obwohl der Bund zu seinem Vorhaben, das Bergrecht zu vereinheitlichen und zu erneuern, bereits vorher angesetzt hatte[8]. Aus der Regelung des Gesetzes 1978 ist hervorzuheben:

aaa) Das Gesetz *gibt den Grundsatz der Bergbaufreiheit auf*. Es führt stattdessen den *Staatsvorbehalt* allgemein ein. Nach § 2 der neuen Fassung des Allgemeinen Berggesetzes war nunmehr zur Aufsuchung und

---

[6] Einzelheiten und Motive der VO-Regelung bei *Bücker*, a.a.O., ZfB 123 (1982), 77 (80—90).
[7] Vgl. im einzelnen die VO 1982, GVBl. S. 551.
[8] Zur Entstehungsgeschichte des niedersächsischen Gesetzes vgl.:
Gesetzentwurf der Landesregierung vom 22. 9. 1975, LTDrucks. 8/1100; LTPlPr 8/27 vom 22. 10. 1975; Ausschußantrag vom 27. 1. 1978, LTDrucks. 8/3320; Bericht des Abgeordneten Hartmann (CDU), zu LTDrucks. 8/3320; Ausschußantrag vom 15. 2. 1978, LTDrucks. 8/3407; LTPlPr 8/86 vom 22. 2. 1978.
Zu Inhalt und Bedeutung des Gesetzes vgl. vor allem *Schulz-Kuhnt*, Die Änderung und Bereinigung des Bergrechts im Lande Niedersachsen, ZfB 119 (1978), 353—374.

Gewinnung der in § 1 des Gesetzes genannten Mineralien ausschließlich das Land berechtigt. Zur Nutzbarmachung seines Rechtes konnte das Land Bergwerkseigentum verleihen, Aufsuchungserlaubnis erteilen, Verträge über die Aufsuchung und Gewinnung abschließen bzw. eigenen Bergbau betreiben.

„Die — aus den 60er Jahren des vorigen Jahrhunderts stammenden — Berggesetze der Länder Preußen und Braunschweig gehen hier vom Prinzip der sogenannten Bergfreiheit aus, während die beiden neueren Gesetze der Länder Schaumburg-Lippe und Oldenburg dem Prinzip des sogenannten Staatsvorbehaltes folgen. Nach dem Prinzip der Bergbaufreiheit ist es jedem erlaubt, Mineralien aufzusuchen („zu schürfen"), und der Finder hat unter bestimmten Voraussetzungen einen Rechtsanspruch auf Verleihung des Bergwerkseigentums. Demgegenüber bedeutet der Staatsvorbehalt im praktischen Ergebnis, daß die Berechtigung zur Aufsuchung und Gewinnung durch eine Ermessensentscheidung des Staates verliehen wird, die dieser insbesondere auch von der Übernahme einer Abgabepflicht abhängig machen kann...."

„Für das System des Staatsvorbehalts spricht, daß es dem Staat den unter Umständen notwendigen Spielraum für Maßnahmen auf dem Gebiet der Rohstoff- oder Wirtschaftspolitik erhält. Es stimmt auch mit unserem heutigen Rechtsempfinden überein; wir sind geneigt, die Bodenschätze ebenso wie Luft und Wasser und andere Bestandteile unserer natürlichen Umwelt als Gut der Allgemeinheit zu betrachten, und sehen ein Gebot der Gerechtigkeit darin, daß derjenige, der solche Güter zu seinem Vorteil ausnutzen darf, der Allgemeinheit dafür ein Äquivalent gewährt. Schließlich führt der Staatsvorbehalt zu einer wesentlichen Vereinfachung des Bergrechts. Die Bergbaufreiheit erforderte nämlich ein umfangreiches und kompliziertes Vorschriftenwerk über das Schürfen, Muten und Verleihen, das insbesondere das Verhältnis konkurrierender Bewerber zueinander regeln mußte."[9]

Die Aufsuchung und Gewinnung von *Erdöl* hatte freilich schon früher auch in Niedersachsen unter Staatsvorbehalt gestanden. Nach § 1 der Verordnung über die Berechtigung zur Aufsuchung und Gewinnung von Erdöl und anderen Bodenschätzen (Erdölverordnung) vom 13. Dezember 1934 (Preußische GS S. 463) stand die Aufsuchung und Gewinnung von Erdöl grundsätzlich allein dem Staat zu; der Staat konnte die ihm vorbehaltenen Rechte anderen übertragen, § 2 VO.

Die Verordnung galt als niedersächsisches Recht fort[10]. Insofern brachte die Rechtsbereinigung 1978 keine prinzipiellen Neuerungen im Bereich des Erdöls.

Nach dieser Rechtslage hatte das Land unmittelbar aufgrund Gesetzes ohne zusätzlichen (exekutiven) Verleihungsakt das ausschließliche

---

[9] Zu LTDrucks. 8/3320, S. 6.
[10] Vgl. Nds. GVBl. Sb. II S. 709. Zur Verfassungsmäßigkeit vgl. BGHZ 19, 209; 71, 329 (335). Vgl. ferner das Gesetz über einen erweiterten Staatsvorbehalt zur Aufsuchung und Gewinnung von Steinkohle und Erdöl vom 22. Juli 1929 (Preuß. GS S. 87) sowie das Gesetz zur Erschließung von Erdöl und anderen Bodenschätzen (Erdölgesetz) vom 12. Mai 1934 (Preuß. GS S. 257).

II. Die normative und finanzielle Ausgangslage

Recht, Erdöl aufzusuchen und zu gewinnen, also ein besonderes öffentlich-rechtliches Aneignungs- (Okkupations-) Monopol[11], dessen Sinn darin bestand, das öffentliche Interesse an einer gemeinwohlorientierten Ausbeutung der Bodenschätze gegenüber Einzelinteressen der Bergbautreibenden durchzusetzen[12].

bbb) Eine Regelung über *Abgaben* fand sich nur ansatzweise. In den Vorschriften über die Form der Verleihung des Bergwerkseigentums fand sich auch die Bestimmung, daß die Verleihungsurkunde „die vom Bergwerkseigentümer zu leistenden Abgaben" enthalten müsse, § 34 Nr. 6 ABG. Über Art und Höhe der Abgaben verlautete ebensowenig etwas wie darüber, ob die Regelungen des Bergwerkseigentums insoweit auch für Aufsuchungserlaubnisse und für den Abschluß von Verträgen gegenüber die Aufsuchung und Gewinnung von Bodenschätzen entsprechend gelten sollten. Der Gesetzgeber glaubte, auf die nähere Regelung der Abgaben verzichten zu können, weil die Abgabenhöhe in den Verhandlungen mit dem jeweiligen Antragsteller über die Vergabe einer Berechtigung vereinbart werden können. Es handele sich nicht „um eine einseitige Regelung von hoher Hand, sondern um eine Übereinkunft zwischen gleichstarken Partnern, also um eine Situation, die derjenigen ähnelt, die sonst bei der Veräußerung von Landesvermögen vorliegt". Die Höhe der Abgabe sei dadurch ohne weiteres begrenzt, „daß sich bei überhöhten Abgabeforderungen kein Interessent für das Bergwerkseigentum bzw. die Konzession finden würde".[13].

c) Feldes- und Förderabgaben werden nach dem BBergG 1980 vom *Inhaber* einer Erlaubnis oder Bewilligung oder des Bergwerkseigentums erhoben. Bereits aus dieser Formulierung geht hervor, daß sie nicht eigentlich für den mit dem betreffenden *Verwaltungsakt* (Erteilung der Erlaubnis, Erteilung der Bewilligung, Verleihung von Bergwerkseigentum) verbundenen *Verwaltungsaufwand* entrichtet werden[14]. Auch die Länder scheinen es so zu sehen, daß die *Verwaltungsgebühr*

---

[11] Vgl. *H. P. Ipsen*, Rechtsstaatliche Erdölkonzessionierung, in: Gedächtnisschrift f. H. Peters, 1967, S. 686 (699). Insoweit übereinstimmend *Wilke*, Rechtsstaatliche Erdölkonzessionierung, ZfB 111 (1970), 193 (197).

[12] Vgl. *Badura*, Das Verwaltungsmonopol, 1963, S. 156. Zust. *Ipsen*, a.a.O., S. 700.

[13] Vgl. Bericht zu Drucks. 8/3320, S. 8. Kritisch zu dieser von der Konzeption der Bundesregierung abweichenden Sicht *Schulz-Kuhnt*, a.a.O., ZfB 119 (1978), 353 (368 f.). — Zu Regelungsansätzen im Erdölbereich vgl. *Wilke*, a.a.O., ZfB 111 (1970), 193 (195 mit Anm. 15).

[14] Andeutungsweise so auch bereits die Reg.Begr., BTDrucks. 8/1315, S. 95: „Die Abgaben knüpfen an eine staatliche Leistung an, die *nicht nur* in der Erteilung einer Erlaubnis oder Bewilligung als solcher besteht — hierfür kämen nur Verwaltungsgebühren in Betracht —, sondern vor *allem* in der Zulassung, eine an sich nicht erlaubte Tätigkeit auszuüben..." (Hervorhebungen durch die Verf.).

im eigentlichen Sinne in der Abgabe nicht enthalten ist. Sie haben die Kostentarife zu ihren Allgemeinen Gebührenordnungen der neuen Rechtslage angepaßt.

So lautet z. B. Tarifnr. 15 des Kostentarifs zur Allgemeinen Gebührenordnung in der Fassung der Niedersächsischen Achten Verordnung zur Änderung der Allgemeinen Gebührenordnung vom 18. September 1982 (GVBl. S. 385) in den ersten Positionen folgendermaßen:

„15. Bergwesen

1.	Auskünfte in Berechtsamsangelegenheiten	50 bis	300
2.	Bergbauberechtigungen		
2.1	Erteilung einer Erlaubnis (§§ 6, 7 des Bundesberggesetzes — BBergG —)		
2.1.1	zu gewerblichen Zwecken	500 bis	5 000
2.1.2	zu wissenschaftlichen Zwecken	100 bis	2 000
2.2	Erteilung einer Bewilligung (§§ 6, 8 BBergG)	500 bis	10 000
2.3	Verleihung von Bergwerkseigentum (§§ 6, 9 BBergG)	500 bis	10 000

..."[15]

3. Die finanzielle Bedeutung der Förderabgabe

Das finanzielle Gewicht der Förderabgabe nach dem BBergG ergibt sich anschaulich aus der Antwort der Bundesregierung vom 27. Oktober 1982 auf eine Kleine Anfrage von Bundestagsabgeordneten[16]. Danach sind nach Angaben des Wirtschaftsverbandes Erdöl- und Erdgasgewinnung e. V. die Förderzinsen bzw. Förderabgaben von 1970 bis 1981 von 45 Milionen (1970) auf 825 Millionen (1980) und mehr als 1,5 Milliarden

---

[15] Vgl. ferner z. B.
Baden-Württemberg: VO über die Festsetzung der Gebührensätze für Amtshandlungen der staatlichen Behörden vom 17. Februar 1981, GBl. 1981, S. 105: Außerkrafttreten der VO vom 21. 4. 1961 und des Verzeichnisses der Verwaltungsgebühren in der Fassung vom 6. 12. 1972, Anlage: Gebührenverzeichnis zu § 1; hier: GebVerzNr. 15 (15.1—15.17).
Bremen: Gesetz zur Änderung der Bremischen Verwaltungsgebührenordnung vom 13. Dezember 1982, GBl. 1982, S. 365: Änderung der Anlage zu § 1 „Gebührenverzeichnis" der Gebührenordnung in der Fassung vom 3. 1. 1977; hier GebVerzNr. 07 (Bergwesen),
070 Bergbauberechtigungen   070.00—070.22
071 Bergwerksbetrieb   071.00—071.22
Nordrhein-Westfalen: Zweite Verordnung zur Änderung der Allgemeinen Verwaltungsgebührenordnung vom 15. Dezember 1981 (GVBl. S. 718), deren Artikel I Nr. 4 die Tarifstellen 3.1 bis 3.16 (Bergbauangelegenheiten) entsprechend ändert.
Schleswig-Holstein: VO vom 11. März 1982 zur Änderung der VO über Verwaltungsgebühren, die die Tarifstelle 3 — Bergwesen — ändert (GVOBl. 1982, S. 76).

[16] Vgl. BTDrucks. 9/2031; 2067.

II. Die normative und finanzielle Ausgangslage

DM 1981 angestiegen. In den Länderhaushalten 1982 waren Förderzinseinnahmen von insgesamt 1,74 Milliarden DM veranschlagt, darunter in Niedersachsen rd. 1,6 Milliarden DM. Tatsächlich nahm das Aufkommen in Niedersachsen von 1050 Mio. DM 1981 auf 1798 Mio. DM 1982 zu.

4. Die Einbeziehung der Förderabgabe in den horizontalen Länderfinanzausgleich

Art. 6 Nr. 3 und 4 des Haushaltsbegleitgesetzes 1983 bezieht nun erstmals die Förderabgabe in den horizontalen Finanzausgleich zwischen den Ländern ein.

Das Gesetz geht zurück auf einen Entwurf der CDU/CSU und F.D.P. (BT-Drucks. 9/2074 vom 4. November 1982), dessen erste Beratung am 10. und 11. November 1982 (PlPr 126 und 127/82) stattfand. Bereits am 5. November 1982 brachte die Bundesregierung einen gleichlautenden Entwurf ein (BR-Drucks. 452/82 vom 5. November 1982), zu dem der Bundesrat in seiner 517. Sitzung am 26. November 1982 Stellung nahm; BTDrucks. 9/2140 vom 30. November 1982. Die erste Beratung im Bundestag fand am 3. Dezember 1982 (PlPr 134/82) statt. Der 8. Ausschuß des Bundestages, dem u. a. beide Entwürfe überwiesen worden waren, empfahl am 9. 12. 1982 u. a., beide Entwürfe zusammenzuführen: BTDrucks. 9/2283.

Zum weiteren Verlauf des Gesetzgebungsverfahrens:

— Bericht des 8. Ausschusses; BTDrucks. 9/2290 vom 10. 12. 1982.
— Änderungsanträge der SPD: BTDrucks. 9/2317—2319 vom 13. 12. 1982 und Drucks. 9/2322—2324 vom 14. 12. 1982.
— 2. Beratung am 14., 15. und 16. Dezember 1982 (PlPr 138, 139, 140/82). In dieser Beratung schloß sich der Bundestag der Empfehlung des 8. Ausschusses an, beide Entwürfe zusammenzuführen.
— 3. Beratung am 16. Dezember 1982 (PlPr 140/82).
— Zuweisung an den Finanzausschuß des Bundesrates, BRDrucks. 487/82 vom 16. Dezember 1982, und Zustimmung des Bundesrates in der 518. Sitzung am 17. Dezember 1982.

Die Initiative zur Berücksichtigung der Förderabgabe im horizontalen Finanzausgleich ging allerdings weder von den Fraktionen des Bundestages noch von der Bundesregierung aus. Die Entwürfe zum Haushaltsbegleitgesetz 1983 sahen nicht vor, die Förderabgabe in den Finanzausgleich einzubeziehen[17].

Der Grund dafür war nicht die sachliche Überlegung, daß Förderabgaben nicht einbezogen werden dürften oder sollten, sondern der Umstand, daß der Bundesrat noch vor der Einbringung des Entwurfs des Haushaltsbegleitgesetzes 1983 den Entwurf eines 7. Finanzausgleichsänderungsgesetzes eingebracht hatte, in dem es allein um die Einbezie-

---
[17] Vgl. BTDrucks. 9/2074, S. 10 und 71; 9/2140.

hung der bergrechtlichen Förderabgaben in den Länderfinanzausgleich ging[18].

In der Tat hatten Baden-Württemberg und Schleswig-Holstein beim Bundesrat einen derartigen Entwurf bereits im Juli 1982 eingebracht[19]. Dieser Entwurf war zunächst am 16. Juli 1982 an den Finanzausschuß des Bundesrates überwiesen worden[20], wurde dann aber am 29. Oktober 1982 für erledigt erklärt[21], nachdem ein gleichlautender neuer Entwurf von Baden-Württemberg, Niedersachsen, Schleswig-Holstein und dem Saarland beim Bundesrat eingebracht worden war[22]. Dieser zweite Entwurf wurde zwar beim Bundestag eingebracht[23] und dort nach einer ersten Beratung[24] an die Ausschüsse des Bundestages überwiesen, jedoch auf Vorschlag des 7. Ausschusses[25] am 16. Dezember 1982 in der 2. Beratung des Bundestages für erledigt erklärt, da das Anliegen des Entwurfs in das Haushaltsbegleitgesetz 1983 aufgenommen wurde[26].

Aus der Entwicklung der Entwürfe zum heute geltenden Gesetzestext sei folgendes herausgehoben[27]:

a) Die Entwürfe sahen vor, daß die Einnahmen aus der Förderabgabe als Bestandteil der Finanzkraft der Länder in den Jahren 1983 bis 1985 zu 33⅓ % und vom Jahre 1986 an zu 50 % in den Länderfinanzausgleich einbezogen werden. Zur Begründung heißt es: Der Finanzausgleich unter den Ländern nach geltendem Recht berücksichtigte nur die *Steuer*einnahmen der Länder aus den bedeutendsten Steuerarten. Maßgeblich für diese Konzeption des Finanzausgleichs als Steuerkraftausgleich sei die Überlegung gewesen, daß die Entwicklung der *nicht*steuerlichen Einnahmen von Land zu Land sich insgesamt nicht wesentlich unterschiede. Durch die stark gestiegenen Preise für Öl- und Gasimporte und die mehrfache Anhebung des Abgabesatzes habe sich jedoch bei der Förderabgabe eine Sonderentwicklung gezeigt, die die Finanz-

---

[18] Vgl. die Äußerung der Bundesregierung in BTDrucks. 9/2110, S. 7; BTPlPr 9/134, S. 8281 B.
[19] BRDrucks. 288/82 vom 9. Juli 1982.
[20] BRPlPr 514/82 vom 16. Juli 1982.
[21] BRPlPr 560/82.
[22] BRDrucks. 429/82 vom 22. 10. 1982; vgl. auch den Hinweis des Bundesrates in BRDrucks. 452/82, S. 5, auf diesen Entwurf in seiner Stellungnahme zum Hauhaltsbegleitgesetz.
[23] BTDrucks. 9/2110 vom 19. November 1982.
[24] BTPlPr 9/134 vom 3. 12. 1982.
[25] BTDrucks. 9/2249 vom 8. Dezember 1982.
[26] BTPlPr 9/140 vom 16. Dezember 1982. Vgl. dementsprechend BRDrucks. 31/83 vom 14. Januar 1983.
[27] Zur Frage der Berücksichtigung der Förderabgabe bei den Bundesergänzungszuweisungen, Art. 107 II 3 GG, vgl. unten unter 5.

II. Die normative und finanzielle Ausgangslage

kraft der einzelnen Länder in stark unterschiedlicher Weise beeinflußt habe. Die Förderabgabe dürfe daher beim „angemessenen" Ausgleich i. S. des Art. 107 II GG nicht außer Ansatz bleiben. Dagegen sollte die Förderabgabe ausdrücklich nicht in den *Umsatzsteuer*ausgleich einbezogen werden[28].

Die auch von Niedersachsen mitgetragene spätere Initiative, die sich der Bundesrat zu eigen machte, weist zusätzlich darauf hin, daß es sich bei der Förderabgabe nicht um Steuern i. S. des § 3 I AO handele, daher auch nicht um Steuern i. S. der Art. 105 ff. GG. Deshalb werde die Abgabe nicht zusammen mit den Steuereinnahmen der Länder in § 7 I FAG, sondern getrennt davon in § 7 II aufgeführt. Diese Trennung sei auch systematisch geboten, weil im Länderfinanzausgleich Ländersteuern grundsätzlich immer voll, die Einnahmen aus der Förderabgabe aber stufenweise und dann auch nur zu bestimmten Anteilen berücksichtigt werden sollen[29].

b) Wie nach der Antwort der Bundesregierung auf die oben erwähnte Kleine Anfrage[30] zu erwarten war, begrüßte die *Bundesregierung* die Initiative des Bundesrates. Wegen der Entwicklung der Einnahmen aus der bergrechtlichen Förderabgabe darf nach ihrer Auffassung der Länderfinanzausgleich nicht weiterhin nur als Steuerkraftausgleich bestehenbleiben. Es erscheine ihr auch vertretbar, die Einbeziehung in Stufen zu regeln, damit für eine Umstellung der Finanzwirtschaften auf die neuen Bedingungen Raum gegeben werde. Insofern habe sie keine Bedenken dagegen, daß der Entwurf vorschlage, in den kommenden Jahren die Förderabgabeeinnahmen nur teilweise zu berücksichtigen[31].

c) Am 7. Dezember 1982 hielt der 7. Ausschuß des Bundestages (Finanzausschuß) eine nicht öffentliche *Anhörung von Sachverständigen* (der Staatsrechtslehrer Friauf, Kirchhof, Kisker, Schiedermair und Selmer [schriftlich]) ab[32]. Der Ausschuß sagte u. a., daß die vorgeschlagenen Änderungen beim horizontalen Finanzausgleich verfassungsgemäß seien.

Der Ausschuß wertete die Antworten der Sachverständigen in folgender Weise:

Die Sachverständigen hätten die Abgabe teils als Steuer, teils als Vorzugslast qualifiziert, aber überwiegend darin übereingestimmt, daß ihr Aufkom-

---
[28] Vgl. im einzelnen BRDrucks. 288/82; 429/82 = BTDrucks. 9/2110.
[29] BTDrucks. 9/2110, S. 5.
[30] BTDrucks. 9/2067.
[31] BTDrucks. 9/2110, S. 7.
[32] Das Stenographische Protokoll Nr. 44 a liegt den Verfassern vor.

men in den horizontalen Finanzausgleich einbezogen werden dürfe. Die Finanzverfassung kenne keinen Finanzkraftausgleich, bei dem Sonderabgaben ohne Steuercharakter unberücksichtigt bleiben müßten. Vielmehr erstrecke sich der Finanzausgleich auf den Ausgleich unterschiedlicher Finanzkraftmerkmale, bei deren Ermittlung auch die Förderabgabe vergleichend berücksichtigt werden könne. Die bisherige Ausgestaltung des Finanzausgleichs als Steuerkraftausgleich gehe auf eine einfachgesetzliche Typisierung zurück, die aus Gründen der Vereinfachung zulässig sei, von der aber auch wieder abgerückt werden könne.

Was den Umfang der Einbeziehung der Förderabgabe anlangt, so hielten Kisker und Schiedermair, nicht aber die anderen Sachverständigen, eine Vollanrechnung für möglich. Die vorgeschlagene Übergangsregelung sei jedenfalls auf keine Bedenken gestoßen[33].

Freilich sah sich auch *Niedersachsen* durch die gutachtlichen Äußerungen in vielen wichtigen bisher vertretenen Auffassungen bestätigt; darin nämlich, daß der Förderzins keine Steuer sei, daß beim Finanzkraftausgleich u. U. auch Einnahmen fiktiv angerechnet werden müßten, daß die teilweise Einbeziehung der Förderabgaben in den horizontalen Finanzausgleich den gesetzgeberischen Kompromiß nicht verfassungswidrig mache und daß die Deckungsquotenbetrachtung „mannigfaltige Probleme" aufwerfe[34].

d) Drei der angehörten Sachverständigen hatten sich bereits vorher *gutachtlich* zu den einschlägigen Fragen geäußert.

aa) *P. Kirchhof* hat im Auftrage des Landes Baden-Württemberg die Vereinbarkeit des Finanzausgleichsgesetzes mit dem verfassungsrechtlichen Maßstab für den horizontalen Finanzausgleich, Art. 107 GG, untersucht. Die Ergebnisse der Untersuchung liegen in Buchform vor.

„Der Verfassungsauftrag zum Länderfinanzausgleich als Ergänzung fehlender und als Garant vorhandener Finanzautonomie. Zur Vereinbarkeit des Finanzausgleichsgesetzes mit Art. 107 Abs. 2 GG", 1982; zit.: Gutachten.

Kirchhof vertritt insbesondere — wie in der Anhörung — die Auffassung, daß der Finanzausgleich sich nicht notwendigerweise auf einen Steuerkraftvergleich und -ausgleich beschränke. Die Feldes- und Förderabgaben seien realsteuerrechtlich qualifizierte Bestandsteuern, die in voller Höhe als ausgleichsfähiges Aufkommen anzusetzen seien. Es handele sich nicht um (Verleihungs-)Gebühren, weil sie den Erfolg privatwirtschaftlichen Handelns (des Aufsuchens und des Förderns) belasteten, also kein Entgelt seien, das bereits für die Einräumung des Rechts zum Aufsuchen und Fördern anfalle. Belastet werde der Vermögenswert, der in der bergrechtlichen Nutzungsbefugnis liege. Das

---

[33] BTDrucks. 9/2249, S. 4 f.; 9/2290, S. 7 f.
[34] Vgl. Ministerpräsident Albrecht, BRPlPr 518/82 vom 17. Dezember 1982, S. 471, B, C.

II. Die normative und finanzielle Ausgangslage

Aufkommen aus der Feldes- und Förder „steuer" scheide auch nicht deswegen aus dem Finanzkraftausgleich aus, weil die Abgaben etwa nicht bundeseinheitlich geregelt seien. Das Bundesberggesetz enthalte Vorgaben für die Landesregierungen, die es ausschlössen, von einem Besteuerungsermessen zu sprechen.

bb) Im Auftrag des Landes Hessen legte *Kisker* unter dem 25. März 1982 ein Gutachten „Erforderlichkeit und Auswirkung einer Einbeziehung bergrechtlicher Abgaben nach dem Bundesberggesetz (§§ 30—32) in den bundesstaatlichen Finanzausgleich, insbesondere in den horizontalen Finanzausgleich"[35] vor. Anders als Kirchhof qualifiziert Kisker die Förderabgabe als Gebühr. Da sie sich jedoch nicht am Kostendeckungs-, sondern am Äquivalenzprinzip orientiere, führe sie zu einem Einnahmeüberschuß („fungibles" Aufkommen), der sie in die Nähe einer Steuer rücke. Im Anschluß an E. Becker[36] und G. Kreft[37] führt Kisker das Wort „Gebührensteuer" ein, nicht um nun doch den Steuercharakter der Abgabe zu bejahen, wie es der Terminus nahelegt, sondern um auf den dieser Gebühr und den Steuern gemeinsamen Aspekt des Einnahmeüberschusses aufmerksam zu machen. Den horizontalen Finanzausgleich versteht Kisker nicht als reinen Steuerkraftausgleich und hat deswegen keine Probleme, die Förderabgabe in diesen Ausgleich einzubeziehen.

Wenn es beim Finanzausgleich nach Art. 107 II, S. 1, 2 GG tatsächlich um den Ausgleich der Finanzkraft geht, die nicht nur Steuerkraft meint, scheint es freilich auf die penible rechtliche Einordnung der Förderabgabe gar nicht anzukommen, sondern lediglich auf ihre wirtschaftlichen Auswirkungen. Würde es in den Untersuchungen von Kirchhof und Kisker allein um die Frage gehen, ob und inwieweit die Förderabgabe in den horizontalen Finanzausgleich einzubeziehen ist, käme es auf ihre (unterschiedlichen) Qualifizierungen (Kirchhof: Steuer; Kisker: Gebühr) nicht an. Einig sind sich beide Gutachter darin, daß der horizontale Finanzausgleich sich nicht auf einen Steuerkraftausgleich beschränken muß.

cc) Unter dem 17. September 1982 hat *Schiedermair* ein „Rechtsgutachten zur Frage der Verfassungsmäßigkeit des § 11 a FAG", das im Auftrag des Saarlandes erstattet wurde, vorgelegt. Das Gutachten gilt in der Hauptsache der Frage der Ergänzungszuweisungen (dazu noch unten unter 5.), widmet sich jedoch auch der Einbeziehung der Abgabe in den horizontalen Finanzausgleich nach Art. 107 II S. 1, 2 GG, weil Ergänzungszuweisungen des Bundes nach Art. 107 II S. 3 GG nur den im horizontalen Finanzausgleich ausgleichsberechtigten Ländern zustün-

---
[35] Ebenfalls als Buch erschienen: „Der bergrechtliche Förderzins im bundesstaatlichen Finanzausgleich", 1983; zit.: Gutachten.
[36] Die Reichsabgabenordnung, 6. Aufl. 1928, S. 8 f.
[37] Neue Wege des Gebührenrechts? DVBl. 1977, 369.

den. Die Beschränkung des Finanzausgleichs auf einen Steuerkraftausgleich durch das FAG sei verfassungswidrig. Alle Einnahmen, die nicht nur die Kosten decken und daher den Wertzuwachs erbringen, seien geeignet, die Finanzkraft zu beeinflussen und müßten daher in den Ausgleich einbezogen werden. Die Förderabgabe sei daher einzubeziehen.

Die Idee der Kostendeckung klingt sowohl bei Kirchhof als auch bei Schiedermair an. Bei Kisker entscheidet sie über die Fungibilität oder Nichtfungibilität des Aufkommens. Der Sache nach geht es bei allen drei Autoren also um das unten noch näher zu erörternde Problem, ob dem Lande ein die Finanzkraft relevant übersteigender Überschuß verbleibt. Dabei fällt auf, daß offenbar sowohl Kisker als auch Schiedermair bei der Saldierung auf der Seite des Landes nur die im Vergleich zum Abgabeaufkommen in der Tat geringfügigen Verwaltungskosten einstellen. Wer aber, wie Kisker, ausdrücklich das Vorliegen einer Steuer verneint, weil eine Gegenleistung vorliege und diese Gegenleistung nicht in den mit der Erteilung der Bewilligung, der Erlaubnis oder des Bergwerkseigentums verbundenen Verwaltungskosten sieht, sondern in der Gewährung ausschließlicher Nutzungsbefugnisse (wem auch immer sie vorher zugestanden haben mögen), tut sich schwer, einen die Finanzkraft steigernden Einnahme*überschuß* zu begründen. Hier ist der Ort, auf den „Substanzverzehr" (Aufzehrung des Förderpotentials) einzugehen. Kirchhof entgeht diesem Problem, indem er die Förderabgabe als Steuer qualifiziert. Auf irgendwelche Saldierungen kommt es für ihn nun nicht mehr an, weil der Finanzausgleich *jedenfalls* ein Steuerkraftausgleich ist und in ihn alle diejenigen Steuern einzubeziehen sind, die bestimmte andere Voraussetzungen (wie Bundeseinheitlichkeit etc.) erfüllen. Aus seiner Sicht muß Kirchhof deswegen auf das Problem des Substanzverzehrs nicht eingehen. Dies ist bereits durch die im Rahmen des Steuerbegriffs zu erörternde Annahme, eine Gegenleistung des Landes werde nicht erbracht, aus dem Wege geräumt.

e) Entsprechend den Empfehlungen des Haushaltsausschusses des Bundestages (8. Ausschuß)[38] wurde die stufen- und teilweise Einbeziehung der Förderabgabe in den horizontalen Finanzausgleich beschlossen und Gesetz. Hessen konnte sich mit einem weitergehenden Antrag, die Abgabe *voll* in den Finanzausgleich einzubeziehen[39], nicht durchsetzen. Auch Hessen wollte Niedersachsen zwar als „Härteausgleich" eine stufenweise Regelung zugestehen, meinte aber, daß sie bereits 1982 beginnen und 1986 in die volle Einbeziehung der Abgabe einmünden müsse[40].

f) Auf der Grundlage der im Juni 1982 vorausgeschätzten Steuereinnahmen ergeben sich nach den Vorstellungen des Gesetzgebers durch die Einbeziehung eines Teils des Aufkommens aus der Förderabgabe die aus der nachfolgenden Tabelle ersichtlichen *Veränderungen der*

---

[38] BTDrucks. 9/2283 vom 9. Dezember 1982.
[39] BRDrucks. 487/2/82 vom 15. 12. 1982, S. 1, 2.
[40] Zu Unrecht stützte sich Hessen dabei ohne Differenzierung auf die Äußerungen der Sachverständigen in der Anhörung des Finanzausschusses des Bundestages am 7. Dezember 1982. Ebenda, S. 2 f.

Ausgleichsbeträge und Ausgleichszuweisungen der Länder aus den Jahren 1983—1986[41]:

Verbesserungen (+) — Verschlechterungen (—) in den Ausgleichsjahren

	1983	1984	1985	1986
	\-\- in Mio. DM \-\-			
Nordrhein-Westfalen	—	—	—	—
Bayern	+ 38	+ 43	+ 44	+ 65
Baden-Württemberg	+ 270	+ 276	+ 278	+ 315
Niedersachsen	— 512	— 536	— 541	— 659
Hessen	+ 62	+ 65	+ 67	+ 85
Rheinland-Pfalz	+ 35	+ 40	+ 41	+ 61
Schleswig-Holstein	+ 7	+ 8	+ 8	+ 13
Saarland	+ 12	+ 13	+ 13	+ 19
Hamburg	+ 78	+ 79	+ 78	+ 84
Bremen	+ 10	+ 12	+ 12	+ 17

Die Gesetzesänderung hat also allein für Nordrhein-Westfalen keine Bedeutung. Niedersachsen bringt sie erhebliche Einbußen, die bereits im Jahre 1983 über eine halbe Milliarde DM betragen werden, für alle anderen Länder, allen voran Baden-Württemberg (mit einem Plus von 270 Millionen DM im Jahre 1983), Verbesserungen.

Das Bestreben Nordrhein-Westfalens, sich mit der Änderung allein des § 7 II FAG nicht zufrieden zu geben, ist daher finanziell verständlich; Nordrhein-Westfalen kann eine Verbesserung erhoffen, wenn die Förderabgabe auch bei den Ergänzungszuweisungen nach Art. 107 II 3 GG berücksichtigt wird. Dazu im einzelnen sogleich unter 5.

5. *Förderabgaben und Ergänzungszuweisungen nach Art. 107 II 3 GG*

Das Haushaltsbegleitgesetz, Art. 6 Nr. 5 b), läßt nicht erkennen, daß die Förderabgabe für die Verteilung der Ergänzungszuweisungen von irgendeiner Bedeutung gewesen wäre. 1981 und 1982 sind für Niedersachsen von den 1,5 % Umsatzsteueraufkommen 36,9 %, 1983 35,8 %, 1984 und 1985 34,3 % vorgesehen. Damit hält Niedersachsen nach wie vor mit weitem Abstand die Spitze vor den anderen ausgleichs- und zuweisungsberechtigten Ländern. 1981 und 1982 bleibt die prozentuale Beteiligung des Landes dieselbe, wie sie sich bereits aus dem Dritten Ge-

---
[41] Vgl. BRDrucks. 288/82, S. 3; BTDrucks. 9/2110, S. 4.

setz zur Änderung des Gesetzes über den Finanzausgleich zwischen Bund und Ländern vom 8. Mai 1974[42] ergeben hatte. Dieser Umstand darf nicht darüber hinwegtäuschen, daß Bestrebungen im Gange sind, zu einer Neuverteilung der Ergänzungszuweisungen zu Lasten vor allem Niedersachsens zu kommen. Das Aufkommen aus der Förderabgabe soll auch im Bereich des Art. 107 II 3 GG, § 11 a FAG berücksichtigt werden.

a) Diese Bestrebungen konnten (und können vermutlich) mit dem Wohlwollen der Bundesregierung rechnen, wie sich aus der Antwort der Bundesregierung auf die Kleine Anfrage von Bundestagsabgeordneten vom 17. 10. 1982[43] ergibt:

„Die Bundesergänzungszuweisungen bilden im System des Finanzausgleichs ein ergänzendes Element zur Verstärkung der Finanzkraft leistungsschwacher Länder. Sie dienen im Grundsatz dem Spitzenausgleich einer nach Durchführung eines angemessenen Länderfinanzausgleichs bei einzelnen Ländern noch verbliebenen Finanzschwäche. Um diesen Zweck zu erreichen, können die Ergänzungszuweisungen sich nicht an völlig anderen Maßstäben orientieren, als sie dem Länderfinanzausgleich zugrunde gelegt werden.

Das aber bedeutet, daß sich die Finanzkraftverstärkung einzelner Länder durch bedeutsam angestiegene Förderzinseinnahmen auch bei der Verteilung der Bundesergänzungszuweisungen niederschlagen muß. Die Bundesregierung befürwortet daher im Rahmen der Neuregelung der Ergänzungszuweisungen Umschichtungen aus dem bisherigen Anteil Niedersachsens an den Ergänzungszuweisungen zugunsten anderer Länder."

Trotz wiederholter Mahnungen interessierter Länder und Abgeordneter hat die Bundesregierung dennoch davon abgesehen, bereits im Zusammenhang mit dem Haushaltsbegleitgesetz 1983 die Ergänzungszuweisungen grundlegend neu zu regeln. Die Bonner Regierung wartet hier — ähnlich wie zuvor beim horizontalen Finanzausgleich — ab, bis die Länder selbst zu einem Kompromiß gefunden haben, den sie dann über den Bundesrat als Gesetzgebungsvorhaben einbringen könnten. Die Aussichten auf einen kurzfristigen Kompromiß scheinen allerdings vage, nachdem Nordrhein-Westfalen sich entschlossen hat, gegen den derzeitig geltenden § 11 a FAG eben wegen der Nichtberücksichtigung der Förderabgaben ein Normenkontrollverfahren beim BVerfG einzuleiten.

b) Unter dem 24. November 1982 beantragten Bremen und Nordrhein-Westfalen einen Änderungsvorschlag des Bundesrates zu Art. 6 Nr. 2 des Haushaltsbegleitgesetz-Entwurfs, nach dem § 11 a II FAG folgendermaßen lauten sollte:

---

[42] BGBl. I, S. 1045.
[43] BTDrucks. 9/2067, S. 3.

II. Die normative und finanzielle Ausgangslage

(2) Die Zuweisungen nach Abs. 1 werden an die nachstehenden Länder in folgendem Verhältnis verteilt:

	1981	1982
Bayern	21,8 v. H.	21,8 v. H.
Bremen	— v. H.	8,0 v. H.
Niedersachsen	36,9 v. H.	— v. H.
Nordrhein-Westfalen	— v. H.	21,0 v. H.
Rheinland-Pfalz	20,6 v. H.	20,6 v. H.
Saarland	5,8 v. H.	13,7 v. H.
Schleswig-Holstein	14,9 v. H.	14,9 v. H.
	100,0 v. H.	100,0 v. H.

Die Umschichtung sollte also allein auf Kosten von Niedersachsen gehen. Bayern, Rheinland-Pfalz und Schleswig-Holstein sollten einen gleichbleibenden Anteil auch 1982 behalten, das Saarland sollte sich von 5,8 % (1981) auf 13,7 % (1982) verbessern. Erstmals einbezogen werden sollten Bremen (mit 8 % 1982) und Nordrhein-Westfalen (mit 21 % 1982). Zur Begründung führten die Antragsteller aus:

„Die Finanzkraft des Landes Niedersachsen beläuft sich im Jahre 1982 auf 103,5 v. H. des Länderdurchschnitts (Steuerkraft nach Länderfinanzausgleich zuzüglich Einnahmen aus der bergrechtlichen Förderabgabe). Dies ist die stärkste Finanzkraft aller Länder — einschließlich der im Länderfinanzausgleich ausgleichspflichtigen Länder Baden-Württemberg, Hessen und Hamburg. Demgegenüber weisen die Länder Bremen und Nordrhein-Westfalen eine unterdurchschnittliche Finanzkraft im Ländervergleich auf. Es ist daher geboten, diesen Finanzkraftverhältnissen bei der Neuregelung der Ergänzungszuweisungen Rechnung zu tragen.

Gleichzeitig ist der Anteil des Saarlandes an den Bundesergänzungszuweisungen entsprechend seiner Leistungsschwäche und des hierdurch ableitbaren Anspruchs auf Verbesserung seines Anteils angemessen zu erhöhen.

Diese drei Länder haben zudem die ungünstigsten Deckungsquoten im Ländervergleich. Demgegenüber hat das Land Niedersachsen, das bislang an den Bundesergänzungszuweisungen beteiligt ist, eine überdurchschnittliche Deckungsquote.

Aus all diesen Gründen rechtfertigen sich die beantragten und auch von der Bundesregierung dem Grunde nach befürworteten Umschichtungen aus dem bisherigen Anteil Niedersachsens an den Ergänzungszuweisungen zugunsten der Länder Bremen, Nordrhein-Westfalen und Saarland."[44]

---

[44] Vgl. BRDrucks. 452/6/82, S. 1 und 2.

Die geschilderte Initiative vermochte sich in der 517. Sitzung des Bundesrates vom 26. 11. 1982[45] nicht durchzusetzen. Der Bundesfinanzminister machte überdies deutlich, daß die Bundesregierung nicht gewillt war, über den von den Ländern mehrheitlich gefundenen Kompromiß hinauszugehen. Für sie, die Bundesregierung, gebe die *Mehrheit* der Mitglieder des Bundesrates bei der Aufteilung der Bundesergänzungszuweisungen den „Maßstab" ab. Auch erlaube die Terminnot nicht, jetzt anläßlich der Verabschiedung des Haushaltsbegleitgesetzes 1983, des Gesetzes über die Feststellung des Bundeshaushaltsplans für das Haushaltsjahr 1983 und des Gesetzes über die Feststellung eines zweiten Nachtrags zum Bundeshaushaltsplan für das Haushaltsjahr 1982 über die Verteilung der Ergänzungszuweisungen auf die einzelnen Länder grundsätzlich zu debattieren[46].

c) In der *Anhörung des Finanzausschusses* des Bundestages vom 7. 12. 1982[47] nahmen die *Sachverständigen* auch zu der von Nordrhein-Westfalen aufgeworfenen Frage, ob und inwieweit das Aufkommen aus der Förderabgabe in den Ergänzungszuweisungen zu berücksichtigen sei, Stellung. Der Finanzausschuß wertet ihre Stellungnahmen so, daß die Einbeziehung der Abgabe in den horizontalen Finanzausgleich „bestimmend" für die „Ergänzungs"-Stufe des vertikalen Finanzausgleichs nach Art. 107 II 3 GG werde. Diese Abhängigkeit folge aus dem subsidiären Charakter der Zuweisungen[48]. Diese kurze Zusammenfassung läßt freilich die Natur und Legitimation der „Abhängigkeit" der Ergänzungszuweisungen vom horizontalen Finanzausgleich im dunkeln.

Ein Blick in das Protokoll der Anhörung gibt näheren Aufschluß:

aa) *Kirchhof* führte lediglich aus: „Die Ergänzungsanteile sind eine Leistung des Bundes zur ergänzenden Deckung des allgemeinen Finanzbedarfs, d. h. ein subsidiäres Rechtsinstitut, das voraussetzt, daß auf der Ebene Bund-Länder bei der Umsatzsteuer alles ordnungsgemäß ausgeglichen ist, daß dann zwischen den Ländern — horizontaler Finanzausgleich — auch ein angemessener Ausgleich bewirkt worden ist und daß darauf der Bund beobachten darf — nicht beobachten muß —, ob jetzt noch eine ergänzende Korrektur stattzufinden hat. Wesentlich ist das Tatbestandsmerkmal ‚unterdurchschnittliche Finanzausstattung', wesentlich ist auch, daß jedenfalls durch diese Ergänzung der am horizontalen Finanzausgleich einzelne Beteiligte nicht über 100 %, also nicht überdurchschnittlich ausgestattet werden darf."[49]

---

[45] BRPlPr 517/82, S. 418 B ff.
[46] BRPlPr 517, S. 418 C ff., 439 D. Dazu auch die Reaktion Nordrhein-Westfalens (Finanzminister Posser) in BTPlPr 9/134 vom 3. Dezember 1982, S. 8281 D ff.
[47] Vgl. Bericht BTDrucks. 9/2249.
[48] BTDrucks. 9/2249, S. 5.
[49] Vgl. Protokoll Nr. 44 a des Finanzausschusses, S. 12.

II. Die normative und finanzielle Ausgangslage

Daraus ergibt sich keine eindeutige Antwort auf die Frage, wie und in welchem Umfang die Förderabgabe bei den Ergänzungszuweisungen zu berücksichtigen ist[50].

bb) *Friauf* äußerte sich ebenfalls zurückhaltend. Er plädiert für eine flexiblere Erteilung der Ergänzungszuweisungen, als sie seit 1972 angeordnet worden sei, und meint, „daß die Relationen vollständig verschoben werden müssen", vor allem „wenn man die ‚Sondereinnahmen' der Ölländer aus der bergrechtlichen Abgabe einbezieht".[51]

Auch hieraus geht nicht zwingend hervor, daß der Sachverständige die Berücksichtigung der Förderabgabe in Ergänzungszuweisungen als verfassungsrechtlich *geboten* („... wenn man...") ansieht.

Friauf ergänzte seine Stellungnahme in der Anhörung dann auch dahin, daß es durchaus denkbar sei, „daß bei der Gestaltung der Ergänzungszuweisungen andere Aspekte berücksichtigt werden müssen, als in die Bemessung des horizontalen Finanzausgleichs eingeflossen sind, vor allem unter dem Gesichtspunkt Langfristigkeit und Kurzfristigkeit. Der horizontale Finanzausgleich ist an längerfristigen Erwägungen orientiert, während die kürzerfristigen Erwägungen sinnvollerweise in die Zuweisungen des vertikalen Finanzausgleichs einfließen sollten, damit der horizontale Ausgleich nicht in jedem Jahr neu korrigiert werden muß. Insofern sind Abweichungen durchaus möglich."[52]

Zum anderen schloß Friauf nicht aus, daß auch ein solches Land leistungsschwach i. S. des Satzes 3 sein könne, „das bei den Bemessungsgrundlagen des horizontalen Finanzausgleichs auf eine Meßzahl von 103 % des Bundesdurchschnitts komme", dann nämlich, wenn das Land (hier: Niedersachsen) „unter so ungewöhnlichen strukturellen Belastungen litte, daß das weit über die Sonderbelastungen etwa der Montan-Länder noch hinausginge, so daß trotz 103 % Bundesdurchschnitt bei den Ausgleichsgrundlagen per Saldo noch eine Leistungsschwäche herauskäme".[53]

Daraus ergibt sich, daß Friauf jedenfalls nicht von Haus aus ausschließt, daß auch ein bundesdurchschnittlich finanzkräftiges Land „leistungsschwach" i. S. des Satzes 3 sein kann. Mit beiden Erwägungen gerät aber der Gedanke der Subsidiarität der Ergänzungsweisungen ins Wanken. Subsidiär sind Ergänzungszuweisungen im eigentlichen Sinn nur dann, wenn sie dieselben Funktionen erfüllen sollen wie der horizontale Finanzausgleich und überdies zur Erreichung eines Ziels beitragen, das auch der horizontale Finanzausgleich sich gesteckt, aber nicht erreicht hat.

cc) *Kisker* folgerte daraus, daß es sich bei Art. 107 II 3 GG um die letzte Stufe eines Verfahrens handele, das sich Schritt für Schritt dem Ideal des angemessenen Finanzausgleichs nähere, daß man „unmöglich einen vertika-

---

[50] Sie spielt auch im Gutachten, a.a.O., *Kirchhofs* keine Rolle. S. 107 f. werden die Ergänzungszuweisungen zwar angesprochen, jedoch in anderem Zusammenhang.
[51] Vgl. Protokoll, a.a.O., S. 19 f.
[52] Protokoll, a.a.O., S. 41 f.
[53] Protokoll, a.a.O., S. 42. *Friauf* hält dies freilich nur für einen „hypothetischen Extremfall".

len Finanzausgleich vornehmen" könne, „ohne vorauszusetzen, ohne zu analysieren, welches Ergebnis der horizontale Finanzausgleich gebracht hat". Es sei daher unverständlich, daß der vertikale Finanzausgleich im Ergebnis im wesentlichen gleich bleiben solle. Die Einbeziehung des Förderzinses müßte sich bei dem Spitzenausgleich nach der Ergänzungszuweisung abzeichnen. Offenbar sei es aber so, daß dem Land Niedersachsen, weil es im horizontalen Finanzausgleich gewisse Konzessionen gemacht habe, umgekehrt eine Art Status-Quo-Garantie in § 11 a FAG konzediert werde.[54]

Auch diese Ausführungen lassen nicht den Schluß zu, daß die Förderabgabe bei den Ergänzungszuweisungen im *höheren* Umfange berücksichtigt werden sollte als beim horizontalen Finanzausgleich. Aus ihnen folgt nur, daß der Bundesgesetzgeber mit den Ergänzungszuweisungen nicht hinter dem mit dem horizontalen Finanzausgleich erreichten Stand zurückfallen darf, sondern von der in dieser Vorstufe erzielten Finanzausstattung auszugehen hat. Was das im einzelnen heißt, blieb in der Anhörung freilich offen. Da Kisker für die *volle* Einbeziehung der Förderabgabe in den Ausgleich nach Art. 107 II 1, 2 GG plädiert, scheint er jedenfalls auf die Frage, ob die im Rahmen des horizontalen Ausgleichs noch nicht berücksichtigten Förderabgabenanteile nunmehr die Ergänzungszuweisungen insgesamt oder teilweise (soweit die fördernden Länder betroffen sind) mindern, nicht eingehen zu wollen. Andererseits will er eine stufenweise Übergangsregelung des horizontalen Ausgleichs hinnehmen, so daß sich auch für ihn in dieser Phase das Problem der „Restberücksichtigung" stellen müßte. Der Anhörung ist dazu nichts Genaueres zu entnehmen.

Im Gutachten, a.a.O., S. 47 ff., stellt Kisker dann klar, daß der Bund die Ergänzungszuweisungen insgesamt zwar streichen oder kürzen könne, daß er aber nicht den Verteilungsschlüssel nach Maßgabe des jeweiligen Landesaufkommens verändern dürfe. Rechnerisch führt Kisker dies zwar nur am Beispiel der *vollen* Berücksichtigung der Abgabe bei den Ergänzungszuweisungen vor, a.a.O., S. 48, aber es besteht kein Zweifel, daß das Verbot, den Verteilungsschlüssel zu ändern, auch die *anteilige* Berücksichtigung der Abgabe bei den Ergänzungszuweisungen umfassen soll.

dd) *Schiedermair* schließlich wendet sich dagegen, alle ausgleichsberechtigten Länder zugleich als leistungsschwach i. S. des Art. 107 II 3 GG anzusehen. Voraussetzung sei vielmehr, daß die Ausgleichszuweisung im horizontalen Finanzausgleich die Leistungsschwäche des Landes nicht behoben hätte, daß also die Leistungsschwäche noch nach dem Finanzausgleich andauere[55]. Die Finanzkraft nach dem Vollzug des horizontalen Finanzausgleichs setze sich aus der Steuerkraft, eigenen Steuermitteln, aus den Ausgleichsleistungen im

---

[54] Protokoll, a.a.O., S. 24 f.
[55] Das ist sicher richtig, denn jede andere Interpretation würde ja das Tatbestandsmerkmal „leistungsschwach" im Satz 3 praktisch streichen.

II. Die normative und finanzielle Ausgangslage

horizontalen Finanzausgleich und schließlich „aus einem einbehaltenen Freibetrag, wie in der Übergangsregelung vorgesehen ist", zusammen[56]. Er hält es für möglich, daß Niedersachsen nach vollzogenem Finanzausgleich seine Leistungsschwäche und damit die Voraussetzung für den Erhalt von Ergänzungszuweisungen verliere. Dies sei eine Tatsachenfrage.

Um eine Tatsachen-, nicht Rechtsfrage geht es dabei freilich nur, wenn der Begriff der „Leistungsschwäche" geklärt und nur offen ist, ob nach dem vorhandenen Zahlenmaterial Niedersachsen diese Voraussetzungen erfüllt. Da Schiedermair auf diesen Rechtsbegriff nicht eingeht, sind seine Ausführungen einerseits unbestreitbar richtig, andererseits schwer zu werten, weil wir nicht wissen, wann nach seiner Auffassung ein Land leistungskräftig oder leistungsschwach ist.

Was Schiedermair im einzelnen meint, geht aber aus seinem „Rechtsgutachten zur Frage der Verfassungsmäßigkeit des § 11 a FAG" vom 17. September 1982[57] hervor. Danach heißt Leistungsschwäche mangelnde Finanzkraft, also eine finanzielle Leistungsfähigkeit unter dem Durchschnitt der Ländergesamtheit[58]. Daß Schiedermair dies auch bereits im Gutachten eigentlich meint, geht z. B. aus seinen Ausführungen auf S. 20 des Gutachtens hervor.

ee) *Selmer* geht in seiner schriftlichen Stellungnahme anläßlich der Anhörung des Finanzausschusses[59] von einer Verklammerung des horizontalen Finanzausgleichs und der Ergänzungszuweisungen aus. Der Gesetzgeber dürfe sich insbesondere nicht in Widerspruch setzen zu den von ihm im Rahmen des Verfahrens nach Art. 107 II 1, 2 GG getroffenen Festlegungen, insbesondere den Grundlagen des vorzunehmenden Finanzkraftvergleichs. Anderenfalls bestehe die Gefahr, daß der ergänzende (subsidiäre) Charakter der Zuweisungen leerliefe, weil anstelle einer weiteren Nivellierung alte Ungleichheiten erneuert oder neue Ungleichheiten geschaffen werden könnten. Der Gesetzgeber müsse also zur Kenntnis nehmen, daß und inwieweit das Aufkommen aus der Förderabgabe in den Finanzkraftvergleich einbezogen worden ist. Allerdings müsse diese Einbeziehung nicht zwingend sogleich geschehen, sondern könne in einem späteren Stadium nachfolgen („weiche Überleitung")[60].

---

[56] Unter „Freibetrag" versteht *Schiedermair* offenbar gerade den Betrag, der in den horizontalen Finanzausgleich einbezogen wird; vgl. Protokoll a.a.O., S. 31 f.

[57] Vgl. bereits oben unter 4 d) cc).

[58] Gutachten, S. 6. Auf S. 7 heißt es freilich noch, daß es keinen Unterschied mache, ob der Gesetzgeber bei der Gewährung von Ergänzungszuweisungen bei einem Tatbestandsmerkmal der mangelnden Finanzkraft und Leistungsschwäche oder bei der Rechtsfolge der Ausgleichsberechtigung nach Art. 107 II 1, 2 GG anknüpfe. In diesem Falle sei gewährleistet, daß Empfänger von Ergänzungszuweisungen nur solche Länder seien, die als Inhaber von Ausgleichsansprüchen nach Art. 107 II 1, 2 GG finanz- oder leistungsschwach sind. Es sei daher nicht zu beanstanden, wenn der Gesetzgeber den Kreis der Empfänger auf die „ausgleichsberechtigten" Länder beschränke. Wie *Schiedermair* in der Anhörung klargestellt hat, genügt aber für Satz 3 die Ausgleichsberechtigung nicht, sondern es muß sich auch nach durchgeführtem Ausgleich noch eine Leistungsschwäche zeigen.

[59] Schriftsatz vom 4. Dezember 1982.

[60] Schriftsatz, a.a.O., S. 8 f.

Diesen Ausführungen ist nicht zu entnehmen, ab welchem Punkte einem Lande Ergänzungszuweisungen nicht mehr zustehen sollen. Jedenfalls geht aus ihnen nicht hervor, daß es darauf ankäme, daß die Finanzkraft des betreffenden Landes nach vollzogenem horizontalen Ausgleich nicht über dem Länderdurchschnitt liegt.

ff) *Insgesamt* ist nach alledem das Bild nicht so einheitlich, wie es der Finanzausschuß des Bundestages in seinem Bericht skizziert hat. Seine Skizze mag freilich auch deshalb eher flüchtig ausgefallen sein, weil es für die konkret anstehenden Gesetzesvorhaben darauf nicht ankam, nachdem Bundesregierung, Bundestag und Bundesratsmehrheit sich darin einig zu sein schienen, daß das *Grundproblem* der Ergänzungszuweisungen aus Anlaß dieser Vorhaben *nicht* aufgegriffen werden sollte[61].

d) Es kann deswegen nicht überraschen, daß ein neuerlicher *Vorstoß der Länder Bremen und Nordrhein-Westfalen*[62] anläßlich des zweiten Durchganges der Gesetzgebungsverfahren[63] keinen Erfolg hatte[64]. Der Bundesrat stimmte vielmehr dem Haushaltsbegleitgesetz 1983 zu[65]. Dementsprechend beläßt es das Finanzausgleichsgesetz auch in seiner neuesten Fassung vorerst im wesentlichen bei den seit mehr als 10 Jahren geltenden Verteilungsrelationen.

---

[61] Vgl. auch den Bericht des 8. Ausschusses (Haushaltsausschusses) des Bundestages, BTDrucks. 9/2290, S. 8, sowie seine Beschlußempfehlung, BTDrucks. 9/2283, S. 27.
[62] BRDrucks. 487/4/82 vom 16. Dezember 1982.
[63] BRPlPr 518/82 vom 17. Dezember 1982.
[64] BRPlPr 518/82, S. 469 B ff.
[65] BRPlPr 518/82, S. 489 A.

B. Förderabgabe und horizontaler Finanzausgleich, Art. 107 II 1, 2 GG

I. Gang der weiteren Untersuchung

Auf dem Hintergrund der geschilderten Ausgangslage ist nunmehr zu untersuchen, ob Art. 107 II 1, 2 GG die Einbeziehung der Förderabgabe in den horizontalen Finanzausgleich zuläßt, erzwingt oder untersagt.

Sollte Art. 107 II 1, 2 GG nur einen *Steuerkraft*ausgleich im Auge haben in dem Sinne, daß er das Steuerkraftgefälle mit Hilfe von Steuern abbauen will (dazu unter II), so setzt die Einbeziehung der bergrechtlichen Abgabe voraus, daß sie eine Steuer ist (dazu unter III). Der Finanzausgleich als Steuerkraftausgleich könnte aber auch (zwar nicht-steuerliche, aber doch steuer-ähnliche) Abgaben erfassen wollen, so daß vorsorglich auch die Verwandtschaft der Förderabgabe mit der Steuer zu prüfen sein wird (dazu unter IV). Schließlich ist denkbar, daß sich Art. 107 II 1, 2 GG nicht auf einen Steuerkraftausgleich beschränkt; für diesen Fall ist zu untersuchen, ob die Förderabgabe, sollte sie nicht bereits als Steuer in den Ausgleich einbezogen sein, als nicht-steuerliche Abgabe zu berücksichtigen ist (dazu unter V). Gesondert wird zu untersuchen sein, ob die Erschöpfbarkeit der Bodenschätze juristische Konsequenzen im Bereich der Art. 107, 106 GG hat (dazu unter VI). Eine letzte Überlegung wird der Bedeutung der niedersächsischen Zustimmung zum Haushaltsbegleitgesetz 1983 gelten (dazu unter VII).

II. Der Finanzausgleich als Steuerkraftausgleich?

1. Auslegungskriterien

Gestützt auf den offenbar breiteren *Wortlaut* des Art. 107 II 1 GG („Finanzkraft") ist ein Teil der Autoren der Auffassung, der hier gemeinte Finanzausgleich könne nicht auf einen bloßen Steuerkraftausgleich reduziert werden[66]. Andere Autoren — auch einige der soeben an-

---

[66] Vgl. *Maunz*, in: Maunz / Dürig / Herzog / Scholz, GG-Kommentar, Rdnrn. 41, 48 zu Art. 107 GG (Neubearbeitung April 1983); *Fischer-Menshausen*, in: von Münch (Hrsg.), GG-Kommentar, Bd. 3, 2. Aufl. 1983, Rdnr. 15, 23 zu Art. 107 GG; *F. Klein*, in: Schmidt-Bleibtreu / Klein, GG-Kommentar, 6. Aufl. 1983, Rdnr. 8, mit ausdrücklichem Plädoyer für die Einbeziehung der Förderabgabe (anders noch *ders.* in der Vorauflage 1980, ebd., sowie in: Benda / Maihofer / Vogel [Hrsg.], Handbuch des Verfassungsrechts der Bundesrepublik Deutsch-

gefürten Schriftsteller an anderen Stellen — identifizieren demgegenüber Finanzkraft mit Steuerkraft[67].

Für diese engere Lesart streitet namentlich die ausgedehnte *Entstehungsgeschichte* der Vorschrift, die sogleich (unten 2) ausführlich darzustellen sein wird. Auch wird sich zeigen, daß der *systematische* Zusammenhang der Vorschrift, der namentlich aus dem Verhältnis zu Art. 107 I GG zu gewinnen ist, in dieselbe Richtung weist (unten 3). Vor allem ist auch die bisherige *Staatspraxis* keinen anderen Weg gegangen (unten 4).

---

land, 1983, S. 863 [887]); *Vogel / Kirchhof*, Bonner Kommentar, Zweitbearbeitung 1971, Rdnr. 151 zu Art. 107; *Brodersen*, Nichtfiskalische Abgaben und Finanzverfassung — Zur Abgrenzung nichtfiskalischer Abgaben von Steuern, in: Vogel / Tipke (Hrsg.), Festschrift für Wacke, 1972, S. 103 (114); der Sache nach wohl auch *Clausen*, Das gebührenrechtliche Kostendeckungsprinzip, 1978, S. 170; *Kirchhof*, Der Verfassungsauftrag zum Länderfinanzausgleich als Ergänzung fehlender und als Garant vorhandener Finanzautonomie, 1982, S. 41 ff. m. w. Nachw. Anm. 105 (den Ausführungen von *Habermehl*, FinArch n. F. 11 [1949], 707 [717] läßt sich allerdings für Art. 107 GG nichts entnehmen). Kirchhof, Maunz und Klein zitierten als Beleg für diese Ansicht auch *Lerche*, in: Festschrift für Berber, 1973, S. 299 (307). Das Zitat trifft den Wortlaut, aber nicht den Sinnzusammenhang: Dort, S. 306—309, ging es nicht um die Einbeziehung nichtsteuerlicher Einnahmen in den Begriff der Finanzkraft, sondern um das Verhältnis von „Finanzkraft" und „Finanzbedarf". In *diesem* Zusammenhang läßt der Erstverfasser die These von *Vogel / Kirchhof*, Bonner Kommentar, Zweitbearbeitung 1971, Rdnr. 150 ff. zu Art. 107 GG, zu, daß der Begriff der Finanzkraft mit der Summe des Finanzaufkommens identisch sei. Dem allgemeinen Sprachgebrauch nach schließe das Finanzaufkommen auch nichtsteuerliche Einnahmen ein. Die Frage ist jedoch nicht weiter problematisiert worden, sondern diente als Ausgangspunkt der Überlegungen zum Finanzbedarf.
Mußgnug, Die zweckgebundene öffentliche Abgabe, in: Schnur (Hrsg.), Festschrift für Forsthoff, 1972, S. 259 ff., nimmt zu Art. 107 GG keinerlei Stellung, erwähnt jedoch verschiedentlich, daß die nichtsteuerliche Abgabe nicht unter den vertikalen Finanzausgleich des Art. 106 GG falle (a.a.O., S. 270 mit Anm. 32, 274, 299, 301). Genaueres für unser Thema läßt sich hieraus nicht schließen, zumal Art. 106 III 4 Nr. 1 GG immerhin die „laufenden Einnahmen" (nichtsteuerlicher Art) anspricht.

[67] Vgl. so ausdrücklich z. B. *von Mangoldt*, GG-Kommentar, 1950, Anm. 6 zu Art. 106; *Fischer-Menshausen* (!), DÖV 1956, 161 (170); *Hettlage*, Die Finanzverfassung im Rahmen der Staatsverfassung, VVDStRL 14 (1956), S. 1 (28 f.). Vgl. auch *Maunz* (!), ebda., S. 37 (52) unter Bezug auf die Finanzgesetzgebung 1955: „Ein sehr durchdachtes System von *Steuerkraft*meßzahlen ... liefert die Maßstäbe für die Erkenntnis, wann ein Land als *finanz*stark und damit als reich oder als *finanz*schwach und damit als arm angesehen werden kann." (Hervorhebungen durch die Verfasser). Ferner etwa *Patzig*, Gegenwartsfragen des Finanzverfassungsrechts, AöR 92 (1967), S. 297 (298—310 passim, insbes. S. 308); *Henle*, Finanzausgleich im Widerstreit, DÖV 1962, 201 (204); *dens.*, Finanzreform zwischen Föderalismus und Fiskalpolitik, DÖV 1966, 608 (615); *Pagenkopf*, Grundsatzfragen zur Neuordnung der bundesdeutschen Finanzverfassung, DÖV 1967, 600 (605); *dens.*, Harmonisierungsgebote und Nivellierungsverbote im bundesstaatlichen Finanzausgleich, DÖV 1979, 613 (617); *dens.*, Der Finanzausgleich im Bundesstaat, 1981, S. 185, 261, 295; *Stern*, Das Staatsrecht der Bundesrepublik Deutschland, II, 1980, S. 1171.

II. Der Finanzausgleich als Steuerkraftausgleich?

Gleichwohl kann nicht mit voller Evidenz behauptet werden, daß Art. 107 II 1 GG ausschließlich auf einen bloßen Steuerkraftausgleich bezogen ist; denn es bleibt die Möglichkeit bestehen, in dem weit gefaßten Wortlaut einen Hinweis darauf zu sehen, daß auch ein breiteres Verständnis dem heutigen *Sinn und Zweck* der Vorschrift gerecht zu werden vermag. Die späteren Überlegungen werden daher vorsorglich auch von dieser breiteren Deutung des Art. 107 II GG ausgehen und sich von hierher der Frage stellen, ob dies die Einbeziehung der Förderabgabe zu rechtfertigen oder gar zu erzwingen vermag oder nicht (unten 5).

2. Entstehungsgeschichtliche Argumente für die strikte Interpretation des Art. 107 II 1, 2 GG

Ein genauerer Blick in die Entwicklung der verschiedenen Fassungen des Finanzausgleichs bestätigt die gemeinte und gewollte Gleichstellung von Finanzkraft und Steuerkraft.

a) In der ursprünglichen Fassung von 1949 lautete *Art. 106 GG:*

„(1) Die Zölle, der Ertrag der Monopole, die Verbrauchsteuern mit Ausnahme der Biersteuer, die Beförderungsteuer, die Umsatzsteuer und einmaligen Zwecken dienenden Vermögensabgaben fließen dem Bunde zu.

(2) Die Biersteuer, die Verkehrsteuern mit Ausnahme der Beförderungssteuer und der Umsatzsteuer, die Einkommen- und Körperschaftsteuer, die Vermögensteuer, die Erbschaftsteuer, die Realsteuern und die Steuern mit örtlich bedingtem Wirkungskreis fließen den Ländern und nach Maßgabe der Landesgesetzgebung den Gemeinden (Gemeindeverbänden) zu.

(3) Der Bund kann durch Bundesgesetz, das der Zustimmung des Bundesrates bedarf, einen Teil der Einkommen- und Körperschaftsteuer zur Deckung seiner durch andere Einkünfte nicht gedeckten Ausgaben, insbesondere zur Deckung von Zuschüssen, welche Ländern zur Deckung von Ausgaben auf dem Gebiete des Schulwesens, des Gesundheitswesens und des Wohlfahrtswesens zu gewähren sind, in Anspruch nehmen.

(4) Um die Leistungsfähigkeit auch der steuerschwachen Länder zu sichern und eine unterschiedliche Belastung der Länder mit Ausgaben auszugleichen, kann der Bund Zuschüsse gewähren und die Mittel hierfür bestimmten den Ländern zufließenden Steuern entnehmen. Durch Bundesgesetz, welches der Zustimmung des Bundesrates bedarf, wird bestimmt, welche Steuern hierbei herangezogen werden und mit welchen Beträgen und nach welchem Schlüssel die Zuschüsse an die ausgleichsberechtigten Länder verteilt werden; die Zuschüsse sind den Ländern unmittelbar zu überweisen."

Art. 107 enthielt 1949 demgegenüber nur den Auftrag an den Gesetzgeber, die Steuern, die der konkurrierenden Gesetzgebung unterlagen, endgültig auf Bund und Länder zu verteilen:

„Die endgültige Verteilung der der konkurrierenden Gesetzgebung unterliegenden Steuern auf Bund und Länder soll spätestens bis zum 31. Dezember

1952 erfolgen, und zwar durch Bundesgesetz, das der Zustimmung des Bundesrates bedarf. Dies gilt nicht für die Realsteuern und die Steuern mit örtlich bedingtem Wirkungskreis. Hierbei ist jedem Teil ein gesetzlicher Anspruch auf bestimmte Steuern oder Steueranteile entsprechend seinen Aufgaben einzuräumen."

Art. 106 IV GG stellt also ausdrücklich auf die *Steuer*schwäche als Voraussetzung des Ausgleichs ab und nennt als Ziel des Ausgleichs die Sicherung der Leistungsfähigkeit (sowie den Ausgleich unterschiedlicher Belastungen mit Ausgaben). Ein Entwurf der CDU/CSU-Fraktion, der bei der Bemessung der Ausgleichsbeiträge „neben der steuerlichen Leistungsfähigkeit auch die Erwerbseinkünfte und die unterschiedliche Belastung der Länder mit Ausgaben besonderer Art angemessen" berücksichtigt wissen wollte, setzte sich nicht durch[68].

Daraus muß geschlossen werden, daß die Endfassung, die auf intensive Einwirkungen der Alliierten Militärgouverneure zurückgeht, allein die *steuer*liche Leistungsfähigkeit im Auge hatte. Freilich ist dies die einzige Fassung des Grundgesetzes gewesen, in der *ausdrücklich* auf die *Steuer*stärke abgestellt worden ist. Es wird sich zeigen, ob die späteren Änderungen, die nicht mehr ausdrücklich von der Steuerkraft sprechen, als Weiterung der Ausgleichsvoraussetzungen gedacht waren.

b) Aufschlußreich ist zunächst zu sehen, wie der *einfache Bundesgesetzgeber* die Ermächtigung des Art. 106 IV und den Auftrag des Art. 107 GG verstand.

In § 1 I des Gesetzes über den Finanzausgleich unter den Ländern im Rechnungsjahr 1950 vom 16. März 1951 (BGBl. 1951 I, S. 198) hieß es:

„Um die Leistungsfähigkeit der steuerschwachen Länder zu sichern und um die unterschiedliche Belastung der Länder mit Ausgaben auszugleichen, bringen die Länder, deren *Finanzkraft*meßzahl (§ 2) die auf der Grundlage der bundesdurchschnittlichen *Finanzkraft* errechnete Ausgleichsmeßzahl (§ 12) übersteigt (ausgleichspflichtige Länder), durch Beiträge eine Ausgleichsmasse auf..." (Hervorhebungen durch die Verfasser).

Dementsprechend sah § 1 II des Gesetzes vor, daß die Länder, „deren *Finanzkraft*meßzahl die auf der Grundlage der bundesdurchschnittlichen *Finanzkraft* errechnete Ausgleichsmeßzahl nicht erreicht (ausgleichsberechtigte Länder)", Zuschüsse erhielten. Unter „*Finanzkraft*meßzahl" verstand § 2 die Summe der *Steuer*einnahmen des Landes und der Real*steuer*einnahmen seiner Gemeinden, vermindert um die Summe seiner Rechnungsanteile an den Ausgleichslasten.

Der einfache Gesetzgeber hat also von Beginn an den Ausgleich nach Art. 106 IV GG als Steuerkraftausgleich aufgefaßt und gleichzeitig von

---

[68] Vgl. *Doemming / Füsslein / Matz*, JöR n. F. 1 (1951), S. 762 ff. (785 f. mit Anm. 126).

II. Der Finanzausgleich als Steuerkraftausgleich? 41

Finanzkraft und Finanzkraftmeßzahl gesprochen, offensichtlich also, wie vor allem die Definition des § 2 zeigt, Finanz- und Steuerkraft gleichgesetzt.

Diese Regelungen setzen sich der Sache und der Terminologie nach für die Jahre 1951 bis 1954 fort[69]. Dies sollte bei der aktuellen Auslegung des Begriffs der Finanzkraft in Art. 107 II im Auge behalten werden[70].

c) Das *Gesetz zur Änderung der Finanzverfassung* vom 23. Dezember 1955[71] kam dem zweimal verlängerten Auftrag des Art. 107 GG a. F. nach, den Finanzausgleich endgültig zu regeln. Es gab Art. 106 eine neue Fassung, die nunmehr allein den vertikalen Finanzausgleich behandelte, und ersetzte die alte Auftragsnorm des Art. 107 durch den horizontalen Finanzausgleich[72].

Die neue Fassung des Art. 107 GG lautete nun:

„(1) Das Aufkommen der Landessteuern steht den einzelnen Ländern insoweit zu, als die Steuern von den Finanzbehörden in ihrem Gebiet vereinnahmt werden (örtliches Aufkommen). Durch Bundesgesetz, das der Zustimmung des Bundesrates bedarf, können nähere Bestimmungen über die Abgrenzung und Zerlegung des örtlichen Aufkommens einzelner Steuern (Steueranteile) getroffen werden.

(2) Durch Bundesgesetz, das der Zustimmung des Bundesrates bedarf, ist ein angemessener finanzieller Ausgleich zwischen leistungsfähigen und leistungsschwachen Ländern sicherzustellen; hierbei sind die Finanzkraft und der Finanzbedarf der Gemeinden (Gemeindeverbände) zu berücksichtigen. Dieses Gesetz bestimmt, daß aus Beiträgen leistungsfähiger Länder (Ausgleichsbeiträgen) leistungsschwachen Ländern Ausgleichszuweisungen gewährt werden; in dem Gesetz sind die Voraussetzungen für die Ausgleichsansprüche und die Ausgleichsverbindlichkeiten sowie die Maßstäbe für die Höhe der Ausgleichsleistungen zu bestimmen. Das Gesetz kann auch bestimmen, daß der Bund aus seinen Mitteln leistungsschwachen Ländern Zuwei-

---

[69] Vgl. im einzelnen Gesetz über den Finanzausgleich unter den Ländern in den Rechnungsjahren 1951 und 1952 vom 8. Oktober 1952, BGBl. I, S. 665; Gesetz über den Finanzausgleich unter den Ländern in den Rechnungsjahren 1953 und 1954 vom 26. Juni 1953, BGBl. I, S. 446.

[70] Die Änderungen des Art. 107 GG aus dieser Zeit brachten keine in unserem Zusammenhang relevanten Modifikationen. Sie hoben lediglich das Stichdatum für die Erfüllung des Gesetzgebungsauftrages zweimal auf. Vgl. Änderungsgesetz vom 20. April 1953, BGBl. I, S. 130 (dazu BTDrucks. I/3769, 3950, 3985, 4026; BTPlPr 236, 244, 248; BRPlPr 98, 100, 101). Änderungsgesetz vom 25. Dezember 1954, BGBl. I, S. 517 (dazu BTDrucks. II/1078; BRDrucks. 434/54; BTPlPr 61; BRPlPr 134).

[71] BGBl. I S. 817 — *Finanzverfassungsgesetz.*

[72] Zu der Besonderheit, daß Art. 107 a. F. GG den einfachen Gesetzgeber zur Änderung der Verfassung ermächtigte, vgl. Regierungsbegründung, BT-Drucks. II/480, S. 41 f.; aus der Literatur etwa *Fischer-Menshausen*, DÖV 1956, 161 (162).

sungen zur ergänzenden Deckung ihres allgemeinen Finanzbedarfs (Ergänzungszuweisungen) gewährt."[73]

aa) Abs. 1 des neuen Art. 107 legte erstmals den Grundsatz des örtlichen Aufkommens, der zuvor schon in der Praxis befolgt worden war, ausdrücklich fest. In Abs. 2 tritt der Länderfinanzausgleich an die Stelle der alten Regelungen des Art. 106 IV GG. Abs. 2 S. 3 hebt die alte Zweckbindung der Zuweisungen aus Bundesmitteln auf; sie dürfen nur noch den allgemeinen Finanzbedarf ergänzend decken.

Abs. 2 S. 1 nimmt den Gedanken der Leistungsschwäche, den schon Art. 106 IV a. F. GG angesprochen hatte, wieder auf, verwendet allerdings nicht mehr den Terminus der „Steuerschwäche".

Dadurch, daß Abs. 1 sich allein am örtlichen Aufkommen orientiert und selbst keine Ausgleichsregelungen nach Art des späteren S. 4, 1. und 2. Halbs., enthält, wird der unmittelbare Bezug des horizontalen Ausgleichs, Abs. 2, zur Steuerverteilung schon redaktionell sehr viel deutlicher als dies später der Fall ist. Das unmittelbare Nebeneinander der Verteilung der Steuern nach örtlichem Aufkommen, Abs. 1, und des horizontalen Finanzausgleichs, Abs. 2 S. 1 und 2, ließ von vornherein

---

[73] Zur Entstehungsgeschichte vgl. die Materialien:
— Entwurf der Bundesregierung, BTDrucks. II/480 vom 29. April 1954;
— 1. Beratung im BT am 20. 5. 1954, BTPlPr II/29, S. 1314 D;
— Bericht des Ausschusses für Finanz- und Steuerfragen vom 9. 11. 1954, BTDrucks. II/960 und Umdruck 200;
— 2. Beratung des BT vom 16. 11. 1954, BTPlPr II/55, S. 2665 B;
— 3. Beratung des BT am 19. 11. 1954, BTPlPr II/57, S. 2838 D;
— Eingang beim Bundesrat am 19. November 1954, BRDrucks. 394/54;
— Beratung und Beschluß, die Zustimmung zu versagen, am 3. 12. 1954, BRPlPr 132/1954, S. 336 D;
— Beschluß der Bundesregierung vom 3. 12. 1954, den Vermittlungsausschuß anzurufen, BTDrucks. II/1043;
— Mündlicher Bericht und Antrag des Vermittlungsausschusses vom 11. 3. 1955, BTDrucks. II/1254;
— Annahme des Antrags des Vermittlungsausschusses im BT, BTPlPr II/76 vom 24. 3. 1955, S. 4163 A;
— Versagung der Zustimmung im Bundesrat, BRDrucks. 78/55; PlPr 139/55 vom 1. 4. 1955, S. 960 C;
— Antrag der Fraktionen des BT vom 26. 4. 1955, den Vermittlungsausschuß anzurufen, BTDrucks. II/1352;
— Mündlicher Bericht und Antrag des Vermittlungsausschusses vom 26. 10. 1955, BTDrucks. II/1819;
— Annahme des Antrags des Vermittlungsausschusses im BT, BTPlPr II/112 vom 11. 11. 1955, S. 6047 C;
— Beschluß des BR vom 2. 12. 1955 den Vermittlungsausschuß anzurufen, BRDrucks. 373/55; BRPlPr 150/55, S. 348 C;
— Mündlicher Bericht und Antrag des Vermittlungsausschusses vom 8. 12. 1955, BTDrucks. II/1938;
— Annahme des Antrags des Vermittlungsausschusses durch den BT, BTPlPr II/120 vom 15. 12. 1955, S. 6375 D;
— Zustimmung des BR, BRDrucks. 424/55; BRPlPr 951/55 vom 21. 12. 1955, S. 378 C.

II. Der Finanzausgleich als Steuerkraftausgleich?

keinen Zweifel daran aufkommen, daß es beim horizontalen Finanzausgleich um einen Steuerkraftausgleich geht, um die Korrektur also des durch die Verteilung nach dem örtlichen Aufkommen entstandenen Steuergefälles. Die Leistungsschwäche und Leistungsstärke i. S. des Abs. 2 S. 1 stellte sich unmittelbar nach der Verteilung gemäß Abs. 1 heraus. Der „Ausgleich zwischen leistungsfähigen und leistungsschwachen Ländern" ist ein Ausgleich zwischen den aufgrund der Verteilung nach Abs. 1 steuerstarken und steuerschwachen Ländern.

bb) Durch die Einschaltung des S. 4 in den Abs. 1 durch die Finanzreform 1969 wurden diese 1955 bis 1969 auch redaktionell ganz klaren Zusammenhänge leider etwas verdunkelt. Der Umstand, daß Abs. 1 S. 4 seit 1969 bereits vor der Durchführung des horizontalen Ausgleichs eigene Ausgleichsmaßnahmen fordert und zuläßt, ändert aber an der seit 1955 feststehenden verfassungsrechtlichen Tatsache nichts, daß auch Abs. 2 S. 1 und 2 den Steuerkraftausgleich im Auge hatten; bis 1969 wurde er noch allein von Abs. 2 S. 1 und 2 geleistet, ab 1969 trat dann (zeitlich vorrangig) der Ausgleich nach Abs. 1 S. 4 hinzu. Da die Finanzreform 1969 am horizontalen Finanzausgleich im Sinne des Finanzverfassungsgesetzes von 1955 *sachlich* nichts geändert hat, ist es deswegen auch nach 1969 dabei geblieben, daß es um einen Steuerkraftausgleich geht.

cc) Die Begründung des Regierungsentwurfs 1954 unterstreicht, was auch der Text der Neufassung deutlich gemacht hat (vgl. aa)):

„In der Deutschen Bundesrepublik gründet sich die Notwendigkeit eines zwischenstaatlichen Finanzausgleichs auf den Tatbestand, daß die Länder in ihrer Wirtschaftskraft und ihrem Finanzbedarf verschieden sind, alle aber finanziell befähigt werden müssen, die ihnen zugewiesenen öffentlichen Aufgaben angemessen zu erfüllen. Sind an den Steuereinnahmen, die die Finanzverfasung den Ländern zugewiesen hat, die einzelnen Länder nach dem Maßstab des örtlichen Aufkommens beteiligt, wird die Höhe ihrer *Finanz*ausstattung von der individuellen *Steuer*kraft bestimmt. Die *Steuer*kraft eines Landes deckt sich regelmäßig nicht mit seinem *Steuer*bedarf: leistungsfähigen Gebieten mit ausreichender oder überdurchschnittlicher *Finanz*kraft stehen Länder gegenüber, die infolge ihrer ungünstigen Wirtschafts- und Bevölkerungsstruktur, ihrer wirtschaftsgeographischen Lage o. dgl. mit unzureichender *Steuer*kraft ausgestattet und — vielfach aus denselben Gründen — mit verhältnismäßig hohen Ausgaben belastet sind. Diese strukturellen Unterschiede, die schon in der Vorkriegszeit das Verhältnis zwischen Industrie- und Agrargebieten gekennzeichnet haben, sind noch verschärft worden durch die Auswirkungen des Krieges, von denen die einzelnen Teile Deutschlands in unterschiedlichem Maße betroffen worden sind. Bleiben die leistungsschwachen Gebiete finanziell auf sich selbst gestellt, sind sie zur angemessenen Erfüllung ihrer Aufgaben außerstande und damit entweder der Gefahr einer Verkümmerung ihres öffentlichen und wirtschaftlichen Lebens oder dem Zwang zu bedenklicher Fehlbetragswirtschaft ausgesetzt."[74]

---
[74] Vgl. BTDrucks. II/480, S. 78 f., Tz. 118.

Die Bundesregierung benutzt die Termini Steuerkraft und Finanzkraft im Einklang mit dem seinerzeit herrschenden Sprachgebrauch im selben Sinne. Der Bezug des Abs. 2 auf Abs. 1 ist unverkennbar; es geht allein um den Steuerkraftausgleich durch die Umverteilung des Steueraufkommens.

dd) Im Blick auf die *Kommunen* ergeben die Erläuterungen der Bundesregierung nichts anderes. Es heißt dort:

„Der Finanzausgleich kann seinen Wirkungsbereich nicht auf die Länderhaushalte im eigentlichen Sinne beschränken; er hat auch die gemeindliche Finanzwirtschaft zu berücksichtigen. Angesichts der Bedeutung, die den Kommunalfinanzen im Rahmen der Länderfinanzwirtschaft zukommt, werden die regionalen Unterschiede in der Finanzkraft und im Finanzbedarf entscheidend auch von den Aufgaben und Deckungsmöglichkeiten des gemeindlichen Bereichs bestimmt. Daraus ergibt sich für den Finanzausgleich die umfassendere Zielsetzung, die leistungsschwachen Länder finanziell so zu stellen, daß sie auch die gemeindlichen Bedarfsunterschiede wirksam ausgleichen und die Gemeinden zur angemessenen Erfüllung ihrer Pflichtaufgaben befähigen können. Im interregionalen Finanzausgleich sind deshalb die Länder und ihre Gemeinden als Einheit zu betrachten."[75]

Damit ist hinreichend klar, daß das seit 1969 auftauchende Problem der Definition der „Finanzkraft der Länder" seine Wurzeln allein in der redaktionellen Unschärfe der späteren Reform hat. Obwohl das sprachliche Wirrwarr der Neufassung von 1969 kaum aufzulösen ist, belegt die Entstehungsgeschichte von 1955 zweifelsfrei, was eigentlich gemeint war und auch 1969 weiter gemeint wurde. Auch andere Passagen der umfangreichen Regierungsbegründung unterstreichen dies. „Während die vertikalen Ausgleichsleistungen des Bundes und der zentralen Vermögensträger zum ansehnlichen Teil auch der übergebietlichen Strukturpolitik dienen, kann der Finanzausgleich im engeren Sinne nur das Ziel anstreben, im Haushaltsbereich der Länder und Gemeinden die Finanzkraftunterschiede so weit auszugleichen, daß auch den leistungsschwachen Ländern die Deckung ihres *Steuer*bedarfs ausreichend gesichert wird. Zur Ermittlung der Unterschiedsspanne, die hier überbrückt werden soll, sind die steuerlichen Deckungsbedürfnisse der einzelnen Länder und die ihnen nach den örtlichen Aufkommen zur Verfügung stehenden Steuereinnahmen zu vergleichen."[76]

Die Reform ist in diesem Zusammenhang von dem Bestreben geleitet, von der alten Technik der Aufsplitterung des Länderfinanzausgleichs in einzelne Sonderausgleichsregelungen, z. B. Straßenbaulastenausgleich, wegzukommen, um sich auf wenige Bedarfstatbestände zu beschränken.

---

[75] BTDrucks. II/480, S. 79, Tz. 120.
[76] BRDrucks. II/480, S. 88, Tz. 130. Zur Ermittlung der Bedarfsdifferenzen vgl. ebenda, S. 88 ff., Tz. 131 ff.

II. Der Finanzausgleich als Steuerkraftausgleich?

Dies auch deshalb, weil sich die laufenden Finanzbedürfnisse der Länder zunehmend einander angeglichen hatten. Als primären Bedarfsmaßstab gab die Bundesregierung die Wohnbevölkerung, sodann die Bevölkerungsdichte an[77].

ee) An den verschiedensten Stellen unterstreicht die Bundesregierung, daß die entscheidende Funktion des Finanzausgleichs „die Milderung der hohen meist strukturbedingten Unterschiede in der regionalen *Steuer*kraft" seien[78]. Hinter dieser Beschränkung des Finanzausgleichs auf einen Steuerkraftausgleich mag auch der an anderer Stelle der Regierungsbegründung geäußerte Gedanke stehen, „daß der Finanzausgleich nur subsidiären Charakter haben kann und nicht zur völligen Nivellierung der natürlichen Finanzkraftunterschiede führen darf. Der Ausgleich ist aus diesem Grunde so zu gestalten, daß die finanzielle Eigenverantwortung der Länder unangetastet bleibt: Den finanzschwachen Ländern darf nicht der Wille zur Selbsthilfe, den übrigen Ländern nicht die Kraft zur Entfaltung eigener Initiative und Leistungssteigerung genommen werden. Die Methode der Ausgleichsregelung muß mithin sicherstellen, daß dem einzelnen Lande die Selbstbestimmung über seine Finanzgebarung erhalten bleibt und ihm insbesondere die Möglichkeit verschlossen ist, eine aufwendige Haushaltspolitik auf Kosten anderer Verbände zu betreiben."[79]

Diese Auffassung, die im Einklang mit der frühen Rechtsprechung des BVerfG zum Finanzausgleich[80] steht, bedeutet nicht nur, daß von den Steuern einzelne, nicht aber alle in den Ausgleich einbezogen werden, sondern bereits zuvor, daß aus dem Ausgleich die nichtsteuerlichen Einnahmen ausgeschlossen werden. Die „Subsidiarität" des horizontalen Finanzausgleichs, die nicht identisch ist mit der Subsidiarität des horizontalen Finanzausgleichs nach der Finanzreform von 1969, macht zusätzlich deutlich, *warum* Abs. 2 S. 1, 2 sich ganz dem Ziele unterordnet, allein die durch Abs. 1 hervorgerufenen Finanzkraftunterschiede (= Steuerkraftunterschiede) abzumildern.

Angesichts dieser Umstände ist es irrelevant, daß der in Art. 106 IV GG a. F. noch benutzte Terminus der Steuerschwäche im neuen Art. 107 GG nicht mehr auftaucht. Der Sache ging es 1955 ebenso wie 1949 um einen Steuerkraftausgleich.

ff) Schließlich sei aus der Regierungsbegründung ein Hinweis aufgenommen, der erkennen läßt, daß die Steuerverteilung des Abs. 1 ebenso

---
[77] Vgl. a.a.O., S. 101 f., Tz. 145, 146.
[78] BTDrucks. II/480, S. 102, Tz. 146 und passim.
[79] BTDrucks. II/480, S. 79, Tz. 119.
[80] BVerfGE 1, 117 (130 ff.).

wie der horizontale Ausgleich nach Abs. 2 im Dienste der in Art. 106 genannten Ziele der Steuerverteilung zwischen Bund und Ländern stehen. So hieß es in *Art. 106 I* GG in der Fassung des § 1 des Entwurfs des Finanzverfassungsgesetzes noch:

„Um den Bund und die Länder im Rahmen der verfügbaren Einnahmen zur Leistung der ihnen obliegenden Ausgaben ... zu befähigen, wird das Aufkommen der im Bundesgebiet erhobenen Steuern nach den Vorschriften der Art. 106 a bis 106 f auf den Bund und die Länder verteilt."[81]

Dabei entsprach Art. 106 f. dem späteren Art. 107 GG. Zutreffend vermerkt dazu die Bundesregierung: „Materiell steht der Länderfinanzausgleich unter der allgemeinen Zielsetzung des Art. 106 Abs. 1, ..."[82] Die Folge davon aber ist, daß das Thema auch des horizontalen Finanzausgleichs allein die Steuer ist.

d) Der gleichzeitig mit dem Entwurf des Finanzverfassungsgesetzes von der Bundesregierung eingebrachte Entwurf eines *Länderfinanzausgleichsgesetzes* wurde bereits acht Monate vor seiner Ermächtigungsgrundlage, dem neuen Art. 107 GG, Gesetz[83]. Die Bundesregierung stützte ihren Entwurf zwar ausdrücklich (natürlicherweise) auf den Entwurf des neuen Art. 107 GG (seinerzeit noch: Art. 106 f. Abs. 2 GG), aber nachdem sich der Entwurf in der Methode und Grundkonstruktion des Finanzausgleichs dem bisherigen System anschloß, sah man keine Schwierigkeiten, als sich die Verabschiedung des Finanzverfassungsgesetzes verzögerte, das Finanzausgleichsgesetz gleichwohl glatt durchging, es auf den alten Art. 106 IV GG zu stützen[84].

Die Auswechselbarkeit der Ermächtigungsgrundlage zeigt, daß nach der Auffassung der Beteiligten an den Grundsätzen des horizontalen Finanzausgleichs durch die Änderung 1955 nichts geändert werden sollte. Mit dem Erlaß des Finanzverfassungsgesetzes im Dezember 1955 fiel dann die alte Ermächtigungsgrundlage fort. Unter diesen Umständen bildet das einfache Finanzausgleichsgesetz gewissermaßen die Klammer zwischen der alten und der neuen Verfassungsbestimmung. Wenn es unstreitig in gleicher Weise die Intentionen des Art. 106 IV GG a. F. wie die des neuen Art. 107 II GG zu interpretieren und konkretisieren vermochte, liegt es besonders nahe, auf dieses Gesetz für die Zwecke der Interpretation auch der Verfassungsbestimmungen zurückzugreifen.

---

[81] Anlage I, S. 2 zu BTDrucks. II/480.
[82] BTDrucks. II/480, S. 116, Tz. 175.
[83] Gesetz über den Finanzausgleich unter den Ländern (Länderfinanzausgleichsgesetz) vom 27. April 1955, BGBl. I, S. 199.
[84] Vgl. dazu auch *Fischer-Menshausen*, DÖV 1956, 161 (170).

II. Der Finanzausgleich als Steuerkraftausgleich? 47

Wenn man dies tut, bestätigt sich der Eindruck, daß der horizontale Finanzausgleich auf den Steuerkraftausgleich gemünzt ist. Die Kontinuität der Entwicklung wird sogar noch durch eine terminologische Veränderung in der Sprache des einfachen Gesetzes unterstrichen. Statt von Finanzkraftmeßzahl ist nun, § 3 FAG 1955, von Steuerkraftmeßzahl die Rede[85]. Eine sachliche Änderung verband sich damit nicht. Steuerkraft und Finanzkraft wurden vielmehr nach wie vor als gleichsinnige Begriffe verwandt[86]. Während Art. 106 IV GG a. F. von „Steuerschwäche" und die frühen Finanzausgleichsgesetze von „Finanzkraft" sprachen, so war nun umgekehrt im FAG 1955 von Steuerkraft, dagegen in Art. 107 II GG i. d. F. von 1955 nur von Finanzkraft (im Zusammenhang mit Gemeinden und Gemeindeverbänden) die Rede. Deutlicher können Verfassungs- und Gesetzgeber nicht machen, daß sie unter Steuerkraft und Finanzkraft ein und dasselbe verstehen[87].

e) Das *Finanzreformgesetz* vom 12. Mai 1969[88] gab dann dem Art. 107 GG seine noch heute geltende Fassung[89].

aa) Auf der Grundlage der Vorarbeiten der Troeger-Kommission von 1966 schlug die Bundesregierung in ihrem Entwurf eines Finanzreformgesetzes vom 30. April 1968 vor, Art. 107 GG in seiner bisherigen Gestalt beizubehalten und nur klarzustellen, daß auch der Länderanteil am Aufkommen aus den Gemeinschaftssteuern nach dem örtlichen Aufkommen zu verteilen sei[90].

Die Steuerverteilung nach dem örtlichen Aufkommen wurde dann auch zum Kern des Streites während des langwierigen Gesetzgebungsverfahrens. Der Rechtsausschuß und der Finanzausschuß des Bundestages hielten sie für nicht mehr sachgerecht, da die Wirtschaft in der Bundesrepublik stark verflochten sei und eine Aufspaltung der Bundesländer in gebende und nehmende das bundesstaatliche Verhältnis

---

[85] Die Begründung vermerkt dazu nur allgemein, daß die Begriffe Steuerkraftmeßzahl und Ausgleichsmeßzahl der Vereinfachung des Gesetzestextes dienten; BTDrucks. II/480, S. 129, Tz. 213.
[86] So heißt es an derselben Stelle der Regierungsbegründung, daß die Ausgleichsmeßzahl die auf ein Land bezogene und mit einem Bedarfselement modifizierte bundesdurchschnittliche *Finanzkraft* kennzeichne.
[87] Natürlich nimmt dieser Sprachgebrauch der Gesetze niemandem das Recht, die Begriffe anders zu verwenden. Darum geht es hier jedoch nicht; hier kommt es darauf an zu wissen, wie es sich um die Entstehungsgeschichte verhielt.
[88] BGBl. I, S. 359.
[89] Eine zwischenzeitliche Änderung und Ergänzung des Art. 106 GG durch Gesetz vom 24. Dezember 1956, BGBl. I, S. 1077, ist in unserem Zusammenhang ohne Belang.
[90] BTDrucks. V/2861, S. 56, Tz. 349.

stark belaste[91]. Der im heutigen Abs. 1 des Art. 107 GG gefundene Kompromiß geht auf Vorschläge des Vermittlungsausschusses zurück[92].

Am Prinzip des Ausgleichs änderte auch die Reform von 1969 nichts. Sie schaltete dem horizontalen Finanzausgleich eine Vorstufe vor, die durch Abs. 1 S. 4 umschrieben wird. Diese Vorschaltung mag, wie bereits vermerkt, wesentlich dazu beigetragen haben, die Steuerkraftfunktionen des heutigen horizontalen Finanzausgleichs in den Augen vieler Betrachter verblassen zu lassen. Eine sachliche Änderung in der hier interessierenden Frage ist aber nicht erkennbar:

bb) Die Bundesregierung wollte an Art. 107 II GG gar nichts ändern, in Abs. 1 nur für die Klarstellung sorgen, daß das örtliche Aufkommen auch für die Verteilung des Länderanteils am Gesamtaufkommen der Gemeinschaftssteuern entscheidend sei[93].

cc) Eine Präzisierung des bisherigen Abs. 2 des Art. 107 GG unternahm der Finanzausschuß des Bundesrates im Rahmen des ersten Durchganges. Er schlug folgende Fassung vor:

„Durch Bundesgesetz, das der Zustimmung des Bundesrates bedarf, ist zwischen leistungsstarken und leistungsschwachen Ländern durch einen finanziellen Ausgleich sicherzustellen, daß die Einheitlichkeit der Lebensverhält-

---

[91] BTDrucks. zu V/3605, S. 8.
[92] BTDrucks. V/3896, S. 6 f. Zur Entstehungsgeschichte insgesamt vgl.:
— Gesetzentwurf der Bundesregierung vom 30. April 1968, BTDrucks. V/2861;
— 1. Beratung im Bundestag am 8. 5. 1968, BTPlPr V/71, S. 9245 B;
— Schriftlicher Bericht des Haushaltsausschusses vom 5. 12. 1968, BTDrucks. V/3608;
— Schriftlicher Bericht und Antrag des Rechtsausschusses vom 5. und 6. 12. 1968, BTDrucks. V/3605 und zu BTDrucks. V/3605;
— 2. und 3. Beratung im Bundestag am 11. 12. 1968, BTPlPr V/204, S. 11025 C;
— Bundesrat: BRDrucks. 14/69; PlPr 333/68 vom 19. 12. 1968, S. 319 B; BRDrucks. 14/1—3/69; BRPlPr 334/69 vom 7. 2. 1969, S. 1 B;
— Mündlicher Bericht und Antrag des Vermittlungsausschusses vom 26. 2. 1969, BTDrucks. V/3896 (dort auch Ausgliederung des späteren Finanzreformgesetzes aus dem 20. Gesetz zur Änderung des Grundgesetzes);
— Ablehnung des Antrags des Vermittlungsausschusses durch den Bundestag, BTPlPr V/222 vom 20. 3. 1969, S. 12056;
— Versagung der Zustimmung durch den Bundesrat, BTDrucks. 155/69; BRPlPr 336/69 vom 28. 3. 1969, S. 78 D;
— Anrufung des Vermittlungsausschusses durch die Bundesregierung, BRDrucks. 158/69;
— Mündlicher Bericht und Antrag des Vermittlungsausschusses vom 21. 4. 1969, BTDrucks. V/4105;
— Annahme des Antrags des Vermittlungsausschusses im BT, BTPlPr V/277 vom 23. 4. 1969, S. 12538 B; Zustimmung des Bundesrates am 9. 5. 1969, BRPlPr 338/69, S. 108 D.
Zu den Auswirkungen der Finanzreform 1969 auf den Föderalismus und die Lebensverhältnisse in den Ländern der Bundesrepublik vgl. *Baumann*, Die Finanzreform 1969, 1980.
[93] Vgl. BRDrucks. 338/68, S. 8, 56.

II. Der Finanzausgleich als Steuerkraftausgleich?

nisse im Bundesgebiet gewahrt und die gleichmäßige Erfüllung der öffentlichen Aufgaben sichergestellt werden; ..."[94]

Die vorgeschlagene Fassung solle *eindeutiger* als bisher den aus der Natur des Bundesstaates begründeten Anspruch an den horizontalen Finanzausgleich klarstellen[95]. Der Vorschlag vermochte sich zwar nicht durchzusetzen[96]; instruktiv bleibt jedoch, daß auch der Finanzausschuß nur eine Klarstellung, nicht eine sachliche Änderung beabsichtigte. Dies entspricht der schon gestreiften Anschauung, daß Art. 107, d. h. auch der horizontale Finanzausgleich, ohnehin auf die Ziele des Art. 106 GG, darunter die Wahrung der Einheitlichkeit der Lebensverhältnisse, verpflichtet ist[97].

Wenn sich schließlich der Gedanke der Verteilung nach dem örtlichen Aufkommen jedenfalls im Grundsatz behaupten konnte und die Formel von der Einheitlichkeit der Lebensverhältnisse in Art. 107 selbst keinen Niederschlag fand, kann dies[98] nicht als Beweis dafür dienen, daß die Maxime Einheitlichkeit der Lebensverhältnisse im Rahmen des horizontalen Finanzausgleichs nicht gelte. Sie gilt zwingend über Art. 106 GG, und es entspricht dies den Überlegungen des Rechtsausschusses des Bundesrates ebenso wie dem Hilfsantrag Niedersachsens, dem es darum ging, eine ohnehin geltende Regel eindeutiger in der Spezialnorm des horizontalen Finanzausgleichs selbst festzuschreiben.

---

[94] BRDrucks. 138/1/68 vom 28. März 1968, S. 24 f.
[95] BRDrucks. a.a.O., S. 25.
[96] BRDrucks. 138/68 (Beschluß) vom 5. April 1968, S. 24.
[97] Auch Niedersachsen hatte im Bundesrat einen verwandten Antrag eingebracht (BRDrucks. 138/7/68 vom 4. 4. 1968), der allerdings weiter ging als der Vorschlag des Finanzausschusses des Bundesrates. Danach sollte dem Art. 106 des Regierungsentwurfs ein neuer Absatz 4 a eingefügt werden, nachdem der „Länderanteil an den Gemeinschaftssteuern ... durch Bundesgesetz, das der Zustimmung des Bundesrates bedarf, so zu verteilen" sei, „daß die Einheitlichkeit der Lebensverhältnisse im Bundesgebiet gewahrt und die gleichmäßige Erfüllung der öffentlichen Aufgaben sichergestellt werde"; gleichzeitig sollte Art. 107 GG gestrichen werden. Dieser Vorschlag ist deswegen weitergehend, weil er zugleich vom „bedarfsfremden", am örtlichen Steueraufkommen orientierten Verteilungsprinzip des Art. 107 I GG abging. Bescheidener fiel ein Hilfsantrag Niedersachsens aus, nach dem daran festgehalten werden sollte, das Aufkommen der Landessteuern und der Länderanteile an einer Einkommensteuer und Körperschaftsteuer nach dem örtlichen Aufkommen zu verteilen, jedoch der Länderanteil an der Umsatzsteuer nach Wahrung der Einheitlichkeit der Lebensverhältnisse im Bundesgebiet durch Gesetz verteilt werden sollte. Vgl. BRDrucks. a.a.O., S. 3 f. Zur Erläuterung und Diskussion dieses Vorschlages in BTPlPr V/171 vom 8. Mai 1968, S. 81 B ff. Der Hauptantrag Niedersachsens entspricht, was die Streichung des Art. 107 GG anlangt, den Vorstellungen des Rechtsausschusses des Bundestages; BTDrucks. V/3605, S. 10; zu Drucks. V/3605, S. 8.
[98] Entgegen *Kirchhof*, Gutachten, S. 16.

dd) Die heute geltende Fassung des Art. 107 GG geht auf Vorschläge des Vermittlungsausschusses zurück[99]. Der erste Vorschlag stellte die geltende Fassung des Abs. 2 des Art. 107 GG ohne Änderungen wieder her, modifizierte den horizontalen Finanzausgleich aber durch die Ergänzung des Abs. 1 hinsichtlich der Verteilung der Umsatzsteuer nach dem Einwohnermaßstab.

„... daß mit der Einführung der Einwohnerzahl als Verteilungsmaßstab kraft Grundgesetz ein neues, ein anderes, nämlich ein *Bedarfsmerkmal* für die Steuerverteilung in die Verfassung aufgenommen worden ist, also auch eine gewisse Garantie für die finanzschwachen Länder, ... Darüber hinaus schlägt der Vermittlungsausschuß aber nun vor, daß von dem Länderanteil am Aufkommen der Umsatzsteuer bis zu einem Viertel auf andere Weise verteilt werden kann, um die *Steuerkraftunterschiede zwischen den Ländern* vorweg auszugleichen. Das ist wieder ein ganz neues, auf den Bedarf abgestelltes Merkmal. ... Das Institut des *horizontalen Länderausgleichs* ist beibehalten worden. Allerdings wird durch den erwähnten *Verteilungsmodus der Umsatzsteuer* einmal nach der Einwohnerzahl und zweitens durch die *Vorwegverteilung eines Viertels* des Länderanteils der Umsatzsteuer der horizontalen Finanzausgleich schon jetzt auf ein Minimum, nämlich auf den echten Spitzenausgleich der Steuerkraftunterschiede, zurückgeschraubt."[100]

Der zweite Vorschlag des Vermittlungsausschusses schrieb in Abs. 1 die Zerlegung bei der Körperschafts- und Lohnsteuer obligatorisch vor und führte in Abs. 2 den „neuen Sprachgebrauch"[101] ein, der aus den bisher leistungsschwachen Ländern ausgleichsberechtigte Länder, aus den bisher leistungsfähigen Ländern ausgleichspflichtige Länder machte[102]. Damit aber konnte sich für die hier interessierende Frage an den Grundzügen des horizontalen Finanzausgleichs nach Abs. 2 nichts ändern. Sie sind durch die redaktionelle Neufassung war etwas verdunkelt, der Sache nach aber bestätigt worden.

Die zitierten Ausführungen des Vermittlungsausschusses unterstreichen sogar in besonders markanter Weise, daß es auch beim horizontalen Finanzausgleich um einen Steuerkraftausgleich geht und daß er nunmehr, nachdem S. 4 des Abs. 1 bereits für eine Umverteilung sorgt, nur noch eine subsidiäre Funktion (Spitzenausgleich) hat.

f) Die eigengeartete Verbindung zwischen den Verfassungsbestimmungen und den einfachgesetzlichen Finanzausgleichsgesetzen zeigte sich erneut in den Beratungen über den Entwurf eines Gesetzes über

---

[99] BTDrucks. V/3896, S. 6 f.; V/4105, S. 6 f.; BTPlPr V/222, S. 12058 D f.; V/227, S. 12538 B ff.; BRPlPr 338/1969, S. 110 B ff.

[100] Berichterstatter des Vermittlungsausschusses, BTPlPr V/222, S. 12056 D (12059 A, B). — Hervorhebungen im Original.

[101] Vgl. BTPlPr 227/69, S. 12539 C.

[102] Vgl. dazu die Erläuterungen des Berichterstatters des Vermittlungsausschusses in BTPlPr V/227, S. 12538 D (12539 B f.); BRPlPr 338/1969, 108 D (110 B—112 B).

II. Der Finanzausgleich als Steuerkraftausgleich?

den Finanzausgleich zwischen Bund und Ländern, der am 28. August 1969 Gesetz wurde[103].

Die Initiative dazu hatten die Länder Baden-Württemberg, Bayern, Bremen, Hamburg, Hessen und Nordrhein-Westfalen bereits vor dem Abschluß der Finanzreform 1969 im Bundesrat ergriffen. Der *Vermittlungsausschuß*, der, wie soeben dargelegt, zwei maßgebliche Vorschläge für die Neufassung des Art. 107 GG machte, kannte diese Initiative und billigte sie im wesentlichen. Dies ging so weit, daß er sie „zur *Geschäftsgrundlage*" seines letzten Vermittlungsvorschlages machte[104].

Der Vermittlungsvorschlag wollte einerseits Einwendungen des Bundesrates Rechnung tragen, andererseits „gleichzeitig aber dem Wunsch des Bundestages und einer Minderheit der Länder" entgegenkommen, „nämlich die Steuerkraft der einzelnen Bundesländer gleichmäßiger zu gestalten". In der Verlautbarung heißt es daher:

„Der Vermittlungsausschuß geht davon aus, daß der Bundesrat am 30. Mai 1969 im Benehmen mit der Bundesregierung einen Initiativgesetzentwurf über den Länderfinanzausgleich beschließen wird. Das Gesetz nach Art. 107 GG soll sicherstellen, daß die Landessteuern und die Länderanteile an den Gemeinschaftssteuern bei den ausgleichsberechtigten Ländern so aufgestockt werden, daß keines von ihnen unter 95 % des Länderdurchschnittes in D-Mark je Einwohner bleibt. Die Landessteuern und die Länderanteile an den Gemeinschaftssteuern der ausgleichspflichtigen Länder sollen bei keinem von ihnen unter 100 % des Länderdurchschnittes in D-Mark je Einwohner absinken..."[105]

Auch wenn die Beteiligten schließlich mehrheitlich dem letzten Vermittlungsvorschlag des Vermittlungsausschusses zustimmten, bedeutet dies nicht, daß dessen „Geschäftsgrundlage", d. h. die betreffenden Bestimmungen des neuen Finanzausgleichsgesetzes 1969, formalen Verfassungsrang erhalten hätten[106].

Programmgemäß ist der Entwurf zwar am 30. Mai 1969 eingebracht worden und dann auch Gesetz geworden, aber dies heißt nichts anderes, als daß nach der Auffassung des Verfassungs- und Gesetzgebers die dort getroffene Regelung verfassungskonform war. Verfassungsrang erhält das FAG 1969 dadurch nicht, schon gar nicht so, daß nunmehr andere Varianten im Rahmen des Art. 107 II GG nicht mehr denkbar gewesen wären. Es macht aber auch als politischer, d. h. nicht notwendig verfassungsrechtlich bindender Kompromiß deutlich, wie weit die Interpretationskompetenz des einfachen Gesetzgebers in diesem Bereich offenbar

---
[103] BGBl. I S. 1432.
[104] BTPlPr V/227, S. 12539 B; BRPlPr 338/1969, S. 111 D f.
[105] Vgl. BTPlPr und BRPlPr a.a.O.
[106] Insofern zutreffend *Kirchhof*, Gutachten a.a.O., S. 48 ff.

geht. Unter diesen Umständen kann die im folgenden alsbald kurz darzustellende andauernde Entscheidung des Bundesgesetzgebers, den Finanzausgleich als einen fast reinen Steuerkraftausgleich anzusehen, nicht zur Randerscheinung gestempelt werden[107]. Die späteren Änderungsgesetze zum FAG 1969 brachten keine grundlegenden hier relevanten Veränderungen des Ausgleichsprinzips[108].

g) Insgesamt vermittelt der Verlauf der verfassungs- und einfachgesetzlichen Entwicklung des horizontalen Finanzausgleichs den Eindruck, daß es hierbei von Verfassungs wegen um einen Steuerkraftausgleich geht, der den Zielen des Art. 106 GG, sodann denen des Art. 107 I GG zugeordnet ist. Alle terminologischen und redaktionellen Änderungen haben daran nichts geändert.

3. Zum systematischen Standort des Art. 107 II 1, 2 GG und seinen Konsequenzen

a) Die entstehungsgeschichtlichen Erwägungen haben schon auf den engen systematischen Zusammenhang zu den Inhalten bzw. Vorläufern des heutigen Art. 107 I sowie des Art. 106 (insbesondere Art. 106 III) GG hingewiesen. Auch die geltende Fassung der finanzverfassungsrechtlichen Bestimmungen entzieht sich diesem systematischen Zusammenhang nicht und ändert nichts daran, daß die Regelungsaussagen des Art. 107 I GG sowie des Art. 106 III GG auf *Steuern* beschränkt sind.

aa) Der enge sachliche Zusammenhang des Abs. 2 des Art. 107 GG zu Abs. 1 spiegelt sich schon formal in der Tatsache wider, daß es sich lediglich um einen weiteren Absatz in derselben Bestimmung handelt, nicht aber etwa um einen eigenen Artikel, wobei schon die Formulierung des Absatzbeginns („Durch das Gesetz...") den unmittelbaren Konnex mit Abs. 1 sichtbar macht.

---

[107] Typisch daher gerade in ihrer Beiläufigkeit etwa die Bemerkung im schriftlichen Bericht des Finanzausschusses des BT im Zusammenhang mit dem FAG 1969 „...daß der horizontale Finanzausgleich, *d. h. der Finanzausgleich zum Ausgleich der Steuerkraftunterschiede unter den Ländern*, ..."; vgl. BTDrucks. V/4481, S. 1.

[108] Vgl. Gesetz zur Änderung des Gesetzes über den Finanzausgleich zwischen Bund und Ländern vom 12. März 1971, BGBl. I, S. 187; Zweites Gesetz zur Änderung des Gesetzes über den Finanzausgleich zwischen Bund und Ländern vom 27. Oktober 1972, BGBl. I, S. 2049; Drittes Gesetz zur Änderung des Gesetzes über den Finanzausgleich zwischen Bund und Ländern vom 8. Mai 1974, BGBl. I, S. 1045; Viertes Gesetz zur Änderung des Gesetzes über den Finanzausgleich zwischen Bund und Ländern vom 21. Januar 1976, BGBl. I, S. 173; Fünftes Gesetz zur Änderung des Gesetzes über den Finanzausgleich zwischen Bund und Ländern vom 17. März 1978, BGBl. I, S. 409; Sechstes Gesetz zur Änderung des Gesetzes über den Finanzausgleich zwischen Bund und Ländern vom 10. Mai 1980, BGBl. I, S. 560.

II. Der Finanzausgleich als Steuerkraftausgleich?

Darüber hinaus wird die nur prolongierende, d. h. die einzelnen Stufen des Abs. 1 nur um eine weitere Stufe vermehrende Funktion des Abs. 2 insofern auch von der h. M. anerkannt, als sie die Bedeutung des horizontalen Finanzausgleichs gerade darin sieht, die Ausgleichsvorkehrung des Abs. 1 zu *ergänzen*[109].

bb) Im Zusammenhalt mit den klaren Ergebnissen der entstehungsgeschichtlichen Betrachtung legt daher auch dies die Ansicht nahe, daß Gegenstand des horizontalen Finanzausgleichs nur die Steuerkraft sein kann. Darüber hinaus spricht dieser sachliche Zusammenhang zugleich aber auch für die Auffassung, daß von den Steuereinnahmen für den horizontalen Finanzausgleich nur diejenigen in Betracht kommen können, die auch Gegenstand des Abs. 1 sind oder sein können. So gesehen, können dies nur die Landessteuern und die Länderanteile an der Einkommen-, der Körperschaft- und der Umsatzsteuer sein; nicht aber sonstige steuerliche Einnahmen, wie solche aufgrund von Landessteuergesetzen[110].

Sollte sich die Förderabgabe überhaupt als Steuer qualifizieren lassen[111], so stünde sie einer „Landessteuer" i. S. des Abs. 1 sehr viel ferner als einer landesgesetzlich geregelten Steuer. Der Sinn der Beschränkung des Begriffs „Landessteuer" auf bundesgesetzlich geregelte Steuern, deren Aufkommen den Ländern zukommt, besteht darin, die steuergesetzlichen Kompetenzen der Länder nicht unnötig zu unterlaufen. Wenn auch die landesgesetzlich geregelten Steuern in die Regelung des Abs. 1 einbezogen würden, verlöre die Gesetzgebungskompetenz der Länder insoweit ihren Sinn, der auch darin liegt, ihnen die Möglichkeit zu geben, nach autonomer Entscheidung und aus konkretem, u. U. regionalem Anlaß Steuern zu erheben, die anderswo womöglich nicht erhoben werden. Würden auch diese Aufkommen in den Ausgleich miteingebracht, so müßte es künftig am Anreiz fehlen, den verbleibenden Gestaltungsspielraum landesgesetzlich auszunutzen; damit wäre der föderative Gedanke auch auf diesem Sektor empfindlich geschädigt[112].

---

[109] Vgl. insofern *Kirchhof*, Gutachten, a.a.O., S. 9, 11 ff.; *Fischer-Menshausen*, in: von Münch, GG-Kommentar, 1978, Rdnr. 1 zu Art. 107 GG; *Maunz*, in: Maunz / Dürig / Herzog / Scholz, GG-Kommentar, Rdnr. 72 zu Art. 107 (Neubearbeitung April 1983) — jeweils m. w. Nachweisen.

[110] Anders — und von seinem grundsätzlich andersartigen Ausgangspunkt auch konsequent — vor allem *Maunz* in der Neukommentierung des Art. 107, in: Maunz / Dürig / Herzog / Scholz, a.a.O., Rdnr. 51; vgl. auch *Kirchhof*, Gutachten a.a.O., S. 87.

[111] *Kirchhof*, Gutachten, a.a.O., S. 70 ff., unternimmt einen derartigen Versuch, der aber, wie unten zu zeigen sein wird, nicht zu überzeugen vermag.

[112] Auch der *Maunz'sche* Gedanke, a.a.O., Rdnr. 51 in Verbindung mit Rdnr. 50, mit fiktiven Durchschnittssätzen zu arbeiten, vermag an dieser Stelle wenig zu helfen, auch abgesehen von der mangelnden Vergleichbarkeit der auf autonomen Entscheidungen des Landes beruhenden Einnahmen. Auch das

54   B. Förderabgabe und horizontaler Finanzausgleich

Diese Erwägungen gelten auch für die bergrechtliche *Förderabgabe*. § 32 BBergG stellt für sie zwar einen bundesgesetzlichen Rahmen zur Verfügung — aber ob und in welcher Höhe (bis zu 40 %) die Landesregierungen die Abgabe tatsächlich erheben, liegt bei ihnen und nicht beim Bund.

Natürlich hat der Bund schon im Hinblick auf Art. 80 I 2 GG Richtpunkte genannt, die die Länder binden, wenn sie vom bundesgesetzlichen Regelsatz abweichen wollen. Es soll an dieser Stelle nicht darüber gerechtet werden, ob der Bund mit den Vorgaben des § 32 BBergG, insbesondere seines Abs. 2, den Anforderungen des Art. 80 I 2 GG genügt hat. Jedenfalls lassen die dort genannten Abweichkriterien, die vor allem makroökonomischer Natur sind, den Landesregierungen derartigen Spielraum, daß es schwerfällt, von einer bundesgesetzlichen *Regelung* wie im Normalfall einer (bundesgesetzlich geregelten) „Landessteuer" i. S. des Art. 107 I GG zu sprechen.

Möglicherweise sind die Merkmale von § 32 II BBergG nicht einmal justitiabel.

Man könnte nun einwenden, daß die relativ gleichförmige Nutzung der Ermächtigung durch die Länder darauf hindeute, daß die bundesrechtlichen Vorgaben doch eindeutig sind und daher nicht davon die Rede sein könne, der Bund habe insoweit keine Regelung getroffen. In der Tat weichen die oben (unter A II 2 a), b), S. 18 f.) angegebenen Verordnungen, was die Wertermittlung und die Höhe der Abgabe anlangt, ursprünglich wenig voneinander ab. Diese weitgehende Übereinstimmung indiziert jedoch nicht die Eindeutigkeit und das Vorhandensein einer bundesgesetzlichen Regelung, da sie — wie dargestellt — auf eine konzertierte Aktion der *Länder* zurückgeht (die sich freilich bemüht hat, sich im weiten bundesrechtlichen Rahmen zu halten). Hinzu kommt, daß die nds. Verordnung 1982 (vgl. oben Art. II 2 b) bb), S. 19) mit ihren Abgabenstaffelungen für 1983 derartige Gemeinsamkeiten nicht mehr erkennen läßt, so daß — jedenfalls für Niedersachsen — die Nähe zu einer *landesgesetzlich* geregelten Steuer noch deutlicher geworden ist. Freilich hätte der Landes*gesetzgeber* einen noch weiteren Spielraum als die Landes*regierungen,* die sich im Rahmen des — wenn auch noch so vagen — bundesgesetzlichen Programms zu halten haben. Aber auch

---

FAG verwendet die von Maunz erwogene Technik, vgl. § 8 II, IV FAG — unterschiedliche Hebesätze etc. sind also kein grundsätzliches Hindernis für die Einbeziehung der steuerlichen Einnahme in den Ausgleich. Aber zunächst einmal muß — nach weiteren, positiven Kriterien — entschieden werden, *ob* die Steuer einbezogen werden soll. Notwendige (wenn auch allein nicht hinreichende) Voraussetzung dafür aber war die *Regelung* der Steuer von *Bundes* wegen. Im Falle der Förderabgabe liegt nun zwar eine *Ermächtigung* des Bundes, aber eben nicht mehr, vor. Darum geht es im folgenden.

II. Der Finanzausgleich als Steuerkraftausgleich?

der Landes*gesetzgeber* wäre ja auch nicht völlig frei, da ihn jedenfalls die Vorgaben des GG (einschließlich der Beschneidung des Steuererfindungsrechts) binden.

Jede andere Ansicht müßte auch den Sinn der bergrechtlichen Ermächtigung verfehlen. Wie dargelegt, lag nach dem ursprünglichen Entwurf des Bundesberggesetzes die Ermächtigung, die Abgabe näher auszugestalten, noch beim Bundesminister für Wirtschaft. Einer der zentralen Punkte im Gesetzgebungsverfahren war es, diese Kompetenz auf die Landesregierungen zu verlagern. Der politische und rechtliche Sinn der schließlichen Regelung würde so gut wie zunichte gemacht, wenn nun die Erträge aus der Abgabe doch wieder in die „Solidargemeinschaft" der Ländergesamtheit eingebracht werden müßten.

Wenn demgegenüber darauf hingewiesen wird, daß die Exekutive durch das Bundesberggesetz „keine prinzipiell anderen Rechte als bei der Durchführung des Einkommensteuergesetzes (§ 51 Abs. 3 EStG), des Umsatzsteuergesetzes (§§ 26, 3 Abs. 5, 5 Abs. 2 UStG), des Körperschaftsteuergesetzes (§ 53 KStG) oder der Abgabenordnung (§ 156 AO)" gewinne[113], so trifft dies nicht, weil die drei erstgenannten Gesetze keine „Landessteuer" regeln und von der Geltung des Abs. 1 des Art. 107 GG schon deswegen nicht ausgenommen werden *können*, weil sie dort ausdrücklich erwähnt sind. Es bräuchte deswegen schon Beispiele aus dem nicht näher spezifizierten Katalog der „Landessteuern", in denen den Landesregierungen ähnliche Spielräume eingeräumt werden wie nach dem Bundesberggesetz und die dennoch der Regelung des Art. 107 I GG unterworfen sein müßten. Hinzu kommt, daß in allen von Kirchhof genannten Fällen nicht die Landes-, sondern die Bundesexekutive ermächtigt wird, und daß es stets um Ausnahmeregelungen geht, die die Grundregelung der einschlägigen bundesgesetzlichen Normen selbst unangetastet lassen. Die in den genannten Vorschriften vorgesehenen Ausnahmen, Befreiungen, Herabsetzungen, Heraufsetzungen oder Billigkeits- und Härteregelungen treffen Randbereiche, aber nicht das Zentrum der betreffenden Abgaben. Demgegenüber kalkuliert die Ermächtigung des § 32 BBergG von vornherein die abweichende Praxis der Länder ein; gerade im Hinblick auf den Erdöl- und Erdgasmarkt ist ja, wie gezeigt, der Abgabenrahmen auf das Vierfache des Regelsatzes im Laufe des Gesetzgebungsverfahrens erhöht worden.

cc) Dem kann nicht entgegengehalten werden, daß Abs. 2 deswegen nicht als ungebrochene Fortsetzung des Abs. 1 des Art. 107 GG mit der Folge der Beschränkung des Ausgleichs auf einen Steuerkraftausgleich gelesen werden könne, weil der Hintergedanke des Steuerkraftaus-

---

[113] *Kirchhof*, Gutachten, a.a.O., S. 87.

gleichs der Ausgleich im Interesse eines (pauschalierten) *Bedarfs* sei, das Bedarfselement dem Begriff der *Finanz*kraft jedoch abgehe[114].

Diese Überlegung mag sich zusätzlich darauf stützen, daß der zweite Halbsatz des Art. 107 II 1 GG, was die Gemeinden bzw. Gemeindeverbände anlangt, die Worte Finanzkraft und Finanzbedarf nebeneinanderstellt und daß Satz 3 (Ergänzungszuweisungen) ebenfalls im Gegensatz zu Satz 1 (ersten Halbsatz) ausdrücklich von Finanz*bedarf* spricht.

Diese Erwägungen verfangen indessen nicht. Der Erstverfasser hat bereits früher darauf hingewiesen, daß es schon sprachlich wenig angebracht wäre, im ersten Halbsatz des Satzes 1 den Finanzbedarf ausdrücklich zu erwähnen: Ein unterschiedlicher Bedarf kann nicht „ausgeglichen" werden, wohl aber unterschiedliche Leistungs- (Finanz-)kraft[115]. „Berücksichtigt" werden können dagegen sowohl die Finanzkraft als auch der Finanzbedarf. Daß im zweiten Halbsatz des Satzes 1 nun auch der Bedarf (der Gemeinden bzw. Gemeindeverbände) erscheint, ist daher insofern unauffällig und läßt Rückschlüsse auf den ersten Halbsatz nicht zu.

Andererseits ist das *Nebeneinander* von Finanz*kraft* und Finanz*bedarf* im zweiten Halbsatz des Satzes 1 nicht zu übersehen. Man könnte annehmen, daß der Verfassungsgeber sich mit dem Wort Finanzkraft begnügt hätte, wenn es bereits den Bedarf mit umschlösse.

Die Erklärung für diesen nur scheinbaren Widerspruch liefert wiederum die Entstehungsgeschichte. Betrachtet man den im ganzen schon oben geschilderten entstehungsgeschichtlichen Prozeß an dieser Stelle sozusagen mit der Lupe, so zeigt sich: Der zweite Halbsatz des Satzes 1 ist 1969 unverändert aus der seit 1955 geltenden Fassung übernommen worden. Das Stichwort „unterschiedliche Finanzkraft" im ersten Halbsatz ist dagegen lediglich an die Stelle der Klausel vom „finanziellen Ausgleich zwischen leistungsfähigen und leistungsschwachen Ländern" getreten.

In der Fassung des Gesetzes zur Änderung der Finanzverfassung vom 23. Dezember 1955 (BGBl. I S. 817) lautete Art. 107 II S. 1 u. 2 GG noch:

„(2) Durch Bundesgesetz, das der Zustimmung des Bundesrates bedarf, ist ein angemessener finanzieller Ausgleich zwischen leistungsfähigen und leistungsschwachen Ländern sicherzustellen; hierbei sind die Finanzkraft und der Finanzbedarf der Gemeinden (Gemeindeverbände) zu berücksichtigen. Dieses Gesetz bestimmt, daß aus Beiträgen leistungsfähiger Länder (Ausgleichsbeiträgen) leistungsschwachen Ländern Ausgleichszuweisungen gewährt werden; in dem Gesetz sind die Voraussetzungen für die Ausgleichsan-

---

[114] Vgl. dazu die Auseinandersetzung mit *Vogel / Kirchhof*, a.a.O., bei *Lerche*, in: Festschrift für Berber, a.a.O., S. 306—309.
[115] Vgl. *Lerche*, a.a.O., S. 307.

II. Der Finanzausgleich als Steuerkraftausgleich?

sprüche und die Ausgleichsverbindlichkeiten sowie die Maßstäbe für die Höhe der Ausgleichsleistung zu bestimmen...".

Das 20. Gesetz zur Änderung des Grundgesetzes vom 12. Mai 1969 — Finanzreformgesetz — (BGBl. I S. 357) machte daraus den heutigen Text. Der Sinn dieser Änderung ist zunächst überhaupt nicht erkennbar. Sie geht nach einer langwierigen und wechselhaften Vorgeschichte auf den Vorschlag des Vermittlungsausschusses (BTDrucks. V/4105, S. 7) zurück. Dazu hieß es im Bundestag:

„In Art. 107 Abs. 2 wurden vom Vermittlungsausschuß ebenfalls Textänderungen vorgeschlagen, die zu einem neuen Sprachgebrauch führen sollen. Die Länder, die bisher in Art. 107 Abs. 2 als ‚leistungsschwach' gekennzeichnet waren, werden jetzt als ‚ausgleichsberechtigte' Länder bezeichnet, die bisher als ‚leistungsfähig' gekennzeichneten Länder heißen jetzt ‚ausgleichspflichtige Länder'" (BTPlPr 227/69, S. 12539 C).

Die eigentlichen Gründe für diesen terminologischen Ehrgeiz blieben freilich in der Bundestagsdebatte im dunkeln. Etwas deutlicher wurde der Berichterstatter des Vermittlungsausschusses im Bundesrat, der optimistisch meinte, daß der Vorschlag des Vermittlungsausschusses wohldurchdacht sei und eine praktikable Lösung des schweren Problems darstelle, den Länderanteil an den Gemeinschaftssteuern nach objektiven, leicht feststellbaren und jedem Streit entzogenen Kriterien zu verteilen und dennoch eine gerechte und angemessene Finanzausstattung aller Länder zu ermöglichen, damit jedes Land in die Lage versetzt werde, seine Aufgaben zu erfüllen. „Damit wird es keine ‚reichen' und keine ‚armen' Länder mehr geben. Zur Demonstration dessen ist auch der Abs. 2 des Art. 107 GG dahin umformuliert worden, daß an Stelle von einem ‚angemessenen finanziellen Ausgleich zwischen leistungsfähigen und leistungsschwachen Ländern' nun von einem angemessenen Ausgleich ‚der unterschiedlichen Finanzkraft der Länder' gesprochen wird" (BRPlPr 338/69, S. 112 B).

Der erste Halbsatz gehört also einer neueren Schicht als der zweite Halbsatz des Satzes 1 an und verwendet als Kurzformel für die unterschiedliche Leistungsfähigkeit der Länder das Wort „Finanzkraft". Daß auch im ersten Halbsatz nun nicht außerdem das Wort Finanzbedarf auftaucht, hat allein sprachliche Gründe, wie angedeutet. Der Sache nach meint aber, wie die Entstehungsgeschichte zeigt, der erste Halbsatz mit „Finanzkraft" überhaupt nichts anderes als der zweite Halbsatz mit „Finanzkraft und ... Finanzbedarf". In beiden Fällen geht es um die Leistungsstärke oder Leistungsschwäche der Länder bzw. der Gemeinden und Gemeindeverbände. Mit dem Begriff der Leistungsfähigkeit wird eine Relation zwischen Aufgaben, Belastungen und Bedarf auf der einen Seite, Finanz-, hier: Steuermitteln auf der anderen Seite hergestellt[116].

Es besteht nicht nur kein „Anhaltspunkt" für die Annahme, daß etwa Vorder- und Nachsatz zwei unterschiedliche Begriffe der „Finanzkraft"

---

[116] Zu Unrecht daher anders *Vogel / Kirchhof*, a.a.O., Rdnr. 105 a. E. zu Art. 107 GG.

verwendeten, sondern Sinn und Entstehungsgeschichte legen zwingend nahe, daß das Wort „Finanzkraft" beide Male im selben Sinne gebraucht wird[117].

b) Dasselbe Ergebnis wird — Einblicke, die schon die Entstehungsgeschichte geliefert hat, fortführend — auch durch den Zusammenhalt des Art. 107 II mit *Art. 106*, besonders Art. 106 III, nahegelegt, wenn auch mehr in mittelbarer Weise.

aa) Art. 107 II GG sieht sich mit Art. 106 GG vor allem deshalb verbunden, weil das dort (Art. 106 III 4 Nr. 2) erscheinende Zielmerkmal der „Einheitlichkeit der Lebensverhältnisse im Bundesgebiet" im Grunde gar nicht bei der Aufteilung der Einnahmen zwischen Bund einerseits und Ländern andererseits seine wirkliche Bedeutung finden kann, sondern — wohlverstanden und wohlgelesen — erst bei der länderinternen Aufteilung (horizontaler Finanzausgleich)[118]. Ist es doch nicht recht ersichtlich, inwieweit die „Einheitlichkeit der Lebensverhältnisse im Bundesgebiet" von direktem Einfluß sein könnte auf die Höhe des Aufkommens der Länder *insgesamt*, auch des Umsatzsteueranteils der Länder insgesamt! Gleichgültig wie hoch oder wie niedrig dieser Anteil ist, die Einheitlichkeit der Lebensverhältnisse wird dadurch nicht berührt, da die Länder als Gesamtheit *einheitlich* zu viel, zu wenig oder den angemessenen Betrag erhalten. Die Globalsumme als solche kann die Einheitlichkeit der Lebensverhältnisse schwerlich berühren, gefährdet sein kann sie nur durch eine solche Aufteilung auf die *einzelnen* Länder, die (gegebenenfalls zusammen mit anderen Umständen) die gleichmäßige Erfüllung von Pflichtaufgaben und etwaige sonstige für den einheitlichen

---

[117] *Vogel* und *Kirchhof* tun sich denn auch schwer zu erklären, wie die Finanzkraft der Länder, die nach ihrer Auffassung den Bedarf (der Länder) nicht einschließt, unter Berücksichtigung der Finanzkraft *und des Finanzbedarfs* der Gemeinden angemessen ausgeglichen werden soll; vgl. a.a.O., Rdnr. 156 zu Art. 107 GG. Wenn der Bedarf der Länder für ihre Finanzkraft irrelevant ist, ist es auch der Bedarf der Gemeinden als eines Teiles der Länder. Gleich im Anschluß daran nehmen denn die Autoren auch ihre ursprüngliche Position zurück: „Die Feststellung, daß der Finanzbedarf der Länder beim Finanzausgleich nicht berücksichtigt wird, ist deshalb dahingehend zu präzisieren, daß zwar der jeweilige konkrete Bedarf des einzelnen Landes nicht berücksichtigt wird, die Einnahmen der Länder jedoch nach generellen, auch deren unterschiedlichen Bedarf kennzeichnenden Merkmalen verglichen werden können"; a.a.O., Rdnr. 158 zu Art. 107 GG.

Auch die Betrachtung des systematischen Standortes des Art. 107 II im Verhältnis zu Art. 107 I GG spricht also dafür, den zweiten Absatz als ungebrochene Fortsetzung des ersten zu verstehen und mithin, im Einklang mit den sehr deutlichen Ergebnissen der Entstehungsgeschichte, den Finanzausgleich als Steuerkraftausgleich zu begreifen.

[118] Dazu ausführlich *Lerche*, in: Festschrift für Berber, a.a.O., S. 299 ff.; abschwächend *Maunz*, in: Maunz / Dürig / Herzog / Scholz, Rdnr. 51 zu Art. 107 GG (Neubearbeitung April 1983) m. w. Nachweisen.

Lebensstandard wesentliche Maßnahmen verhindert. Wenn in Art. 106 III 4 Nr. 2 GG dennoch von der Einheitlichkeit die Rede ist, hat wohl die Sorge mitgespielt, ein unzureichender Betrag könnte außerdem noch ungleichmäßig auf die einzelnen Länder aufgeteilt werden. Das ändert nichts daran, daß das Kriterium der Einheitlichkeit wirkliche Relevanz nur bei der Einzelaufteilung besitzt[119].

Diese Verklammerung des Art. 106 mit Art. 107 unterstreicht, daß Gegenstand des horizontalen Finanzausgleichs nur die Steuerkraft ist; denn der Regelungsgegenstand des Art. 106 bewegt sich ausschließlich auf dieser Linie[120].

bb) Die Ausstrahlung der Einheitlichkeitsklausel des Art. 106 III auf die Zielvorstellungen des horizontalen Finanzausgleichs hat zugleich eine weitere Bedeutung. Dies zeigt sich bei der Festlegung der immanenten *Grenzen* dieser Einheitlichkeitsklausel[121]. Die Einheitlichkeitsklausel des Art. 106 III 4 Nr. 2 ist auf die „Deckungsbedürfnisse" bezogen, wie denn auch schon in Nr. 1 von der „Deckung" der „notwendigen Ausgaben" die Rede ist. Hinter dieser, mithin auch für den horizontalen Finanzausgleich bedeutsamen Zielvorstellung steht daher die Beziehung zu den gebotenen Ausgaben und damit zugleich — gemäß dem Fundamentalsatz des Art. 104 a I GG — zu den wahrzunehmenden *Aufgaben*. Dies deutet bereits an, daß auch die materiellen Ziele des wohlverstandenen Art. 107 II GG nicht ohne Rücksicht auf diese Aufgabenrelation definiert werden dürfen. Selbst wenn man — wovon unten vorsorglich auszugehen sein wird — den horizontalen Finanzausgleich nicht nur als Steuerkraftausgleich verstehen, sondern weitere Einnahmen miteinbeziehen wollte, so könnte dies doch nicht ohne Rücksicht auf eben diese Tatsache, also nicht unbegrenzt, geschehen.

Davon unabhängig unterstreicht jedenfalls die systematische Betrachtungsweise das Ergebnis der entstehungsgeschichtlichen: die Beschränkung des Finanzausgleichs auf den Steuerkraftausgleich.

---

[119] Daran ändert auch nichts, daß sich das Merkmal auch auf den *Bundes*anteil bezieht. Insoweit gibt es auch im Rahmen des Art. 106 einen Sinn. Denn wenn der Anteil des Bundes zu gering bemessen würde, könnte sich der Bund veranlaßt sehen, seine Aufgaben nur punktuell, insbesondere örtlich unterschiedlich, zu erfüllen.
[120] Zwar scheint sich die Voraussetzungsklausel des Art. 106 III 4 Nr. 1 („Im Rahmen der laufenden Einnahmen") auch auf außersteuerliche Quellen zu beziehen, doch ändert dies nichts daran, daß sich der hier maßgebliche Regelungsinhalt des Art. 106 in der Verteilung der Steuern erschöpft.
[121] Zu gewissen immanenten Grenzen dieser Art vergleiche schon *Lerche*, in: Festschrift für Berber, a.a.O., S. 316 f., auch S. 304. Vgl. auch *Maunz*, a.a.O., Rdnr. 9 zu Art. 107 GG.

4. Zur bisherigen Staatspraxis

Dasselbe Ergebnis wird weiterhin bekräftigt, richtet man den Blick auf die bisherige kontinuierliche (hier: gesetzgeberische) Staatspraxis.

a) Daß der Staatspraxis in vergleichbaren verfassungsrechtlichen Zusammenhängen großes Gewicht beizumessen ist, hat das BVerfG wiederholt unterstrichen, zuletzt an so markanten Stellen wie den Entscheidungen zum Staatshaftungsgesetz[122] sowie zur Auflösung des Bundestages[123].

Nun kann kein Zweifel daran bestehen, daß die bisherige dreißigjährige staatliche Praxis — von der gegenwärtig gerade umstrittenen Regelung natürlich abgesehen — den horizontalen Finanzausgleich stets und kontinuierlich als Steuerkraftausgleich handhabte. Dies ist allerdings nicht so zu sehen, daß aus einer (in diesem Punkt) zunächst „offenen" Verfassungssituation durch ständige Praxis eine verengte wurde — wie dies in anderen Beziehungen nicht ausgeschlossen werden kann; denn nach dem zur Entstehungsgeschichte und Systematik Gesagten war und ist an dieser Stelle die Verfassungssituation eben gerade nicht offen[124]. Jedenfalls haben wir es mit einem völligen Gleichklang der bisherigen Praktizierung mit den Resultaten der Entstehungsgeschichte (sowie der systematischen Interpretation) zu tun.

b) Dem kann auch nicht entgegengehalten werden, die vorgefundene Staatspraxis besitze hier keine Relevanz, da der Gesetzgeber bisher davon ausgehen durfte, daß nur die *steuerlichen* Abgaben die wesentliche Einnahmequelle des Bundes und der Länder darstellten. Andere Einnahmen wie Gebühren und Beiträge ständen bislang eher am Rande, fielen jedenfalls in vergleichbarem Umfange an, so daß sich dadurch die Relation der Finanzkraft der einzelnen Länder nicht wesentlich veränderte; auch mochten den Einnahmen Aufwendungen gegenüberstehen, die den Nettoertrag als unbedeutend erscheinen ließen.

Daran ist richtig, daß sich die heutige wirtschaftliche Bedeutung der Förderabgabe aus Umständen ergibt, die unmittelbar mit der Finanzverfassung nichts zu tun haben. Die Explosion der Ölpreise hat dieser Abgabe eine besondere Bedeutung verschafft. Gleichwohl ist die Tatsache, daß sich die bisherige Staatspraxis als Steuerkraftausgleich dar-

---

[122] BVerfGE 61, 149 (175 — unter Verweis auf BVerfGE 33, 125 [152 f.]; 42, 20 [29] — und passim).

[123] BVerfGE 62, 1 (48 f.).

[124] Daß im übrigen gerade die Finanzverfassung zahlreiche Beweglichkeiten und Elastizitäten enthält (vgl. nur etwa *Maunz*, in: Maunz / Dürig / Herzog / Scholz, Rdnrn. 47, 55, 60 zu Art. 107 GG [Neubearbeitung April 1983]), die auch in dieser Hinsicht ausgleichend wirken können, wird nicht bestritten.

stellte, nach wie vor von hoher Bedeutung. Einmal sind die *Motive* einer langjährigen Staatspraxis ohnehin nur von begrenztem Gewicht: Deren Erscheinung selbst, die Tatsache der Existenz langjähriger Praxis wiegt bereits für sich selbst. Vor allem aber ist der einfache Gesetzgeber ja durch die Entwicklung nicht eigentlich überrascht worden. Sie zeichnet sich seit nunmehr elf Jahren deutlich ab. Der Umfang der heimischen Erdölvorkommen und ihre Konzentration auf Niedersachsen waren seit jeher kein Geheimnis gewesen, und die Ölpreisentwicklung mochte 1973 überraschen, nicht aber mehr 1983. Der Gesetzgeber hatte also mehr als eine Dekade Zeit, sich zu überlegen, ob das Aufkommen aus dieser Abgabe den Finanzausgleich beeinflussen sollte oder nicht. Sein Schweigen in dieser Sache bis zum Haushaltsbegleitgesetz 1983 trotz Kenntnis aller Umstände bedeutete, daß er sich *bewußt* für die Beibehaltung der bisherigen Interpretation der Finanzverfassung, speziell des Finanzausgleichs, entschieden hat. Der jetzige Vorstoß des Gesetzgebers kommt derart spät, daß es, um im Bilde zu bleiben, nahezu „rechtsmißbräuchlich" erscheint, wenn er sich nunmehr auf eine Art Wegfall der Geschäftsgrundlage berufen wollte.

Es tritt hinzu, daß bei Entfernung von der Maßgeblichkeit der bisherigen Praxis, den Finanzausgleich als Steuerkraft-Ausgleich zu verstehen, dargetan werden müßte, warum dann nicht auch entsprechende Konsequenzen in Richtung anderer Einnahmemöglichkeiten anderer Bundesländer gezogen werden. Solange die Staatspraxis von diesen Möglichkeiten keine Kenntnis nimmt — singulär geartete Fälle wie stets ausnehmend —, kann erst recht nicht behauptet werden, die bisherige Praxis sei ohne Relevanz für das Verständnis der Verfassungsvorschrift.

c) Überdies kommt der bisherigen Staatspraxis eine wichtige zusätzliche, nämlich vorsorgliche Bedeutung zu:

Geht man, anders als nach den bisherigen Erwägungen, davon aus, daß Art. 107 II GG tatsächlich auch nicht-steuerliche Einnahmen erfaßt (oder neigt man der erst unten zu erörternden Ansicht zu, die Förderabgabe sei Steuer in diesem Sinn) und sieht man ferner — entgegen den weiteren, unten anzustellenden Erwägungen — auch sonst keine prinzipiellen Hindernisse, die Förderabgabe in den Finanzausgleich einzubeziehen, so dürfte dies doch nicht, sozusagen von heute auf morgen, zu einem vollständigen Bruch mit der bisherigen Praxis führen. Hier müßten Tragweite und Existenz der bisherigen Staatspraxis eine bremsende Rolle spielen. Zwar schafft eine derartige, auch lang anhaltende Praxis nicht ohne weiteres eine starre Selbstbindung des Gesetzgebers — die Elastizität der Finanzverfassung zumal widerrät einer derartigen starren Schranke —, doch kann die aus einer derartigen Praxis entstandene

Vertrauenssituation nicht einfach überschlagen werden. Daher erscheint, von hierher gesehen, die Zubilligung von *schonenden Übergangslösungen* nicht nur als eine rechts*politische* Angelegenheit, vielmehr ist sie von verfassungs*rechtlicher* Schwere:

Seit langem ist im Verhältnis Staat—Bürger die verfassungsrechtliche Relevanz von Übergangslösungen, Härtemilderungen und sonstigen zeitlich wie sachlich schonenden Veränderungen anerkannt. Dies ist im Grunde Ausfluß des anerkannten[125] allgemeineren Prinzips des schonenden (bzw. schonendsten) Ausgleichs und damit des Gedankens des Übermaßverbotes[126].

Es wäre aber nicht einzusehen, diese allgemein-rechtsstaatlichen Prinzipien auf das Staat-Bürger-Verhältnis zu begrenzen. Im Verhältnis Bund—Länder wie der Länder untereinander sind sie jedenfalls immer dann im Grundsatz anwendbar, wenn ein hoheitliches „Machtwort" gesprochen werden soll. Daher ist es auch von verfassungsrechtlichem Belang, wenn der Blick auf die Entstehungsgeschichte gezeigt hat, daß man dem Gedanken des schonenden Übergangs durch gefundene Kompromißlösungen Rechnung tragen wollte[127].

Vom Standpunkt jener aus gesehen, die überhaupt eine Verfassungspflicht zur prinzipiellen Einbeziehung der Förderabgabe in den Finanzausgleich befürworten, ist es daher ebenso folgerichtig wie unabweisbar, die — mit einem erheblichen Beurteilungsspielraum des Gesetzgebers — tatsächlich gefundene Kompromißlösung als Ausdruck jenes Gedankens vom *Gebote* schonender Übergangslösungen anzuerkennen[128].

Auch von jenem Standort aus muß daher ein weitergehendes Verlangen, wie es nach dem Berichteten die Rechtsauffassung insbesondere des Landes Nordrhein-Westfalen zu sein scheint, als unbegründet erscheinen: Ein Zwang zum unvermittelt *vollen* Einbezug der Förderabgabe bestünde selbst dann nicht, wollte man auch eine *grundsätzliche* Pflicht, diese Abgabe im Rahmen des Finanzausgleichs zu berücksichtigen, zugrunde legen.

---

[125] Vgl. etwa BVerfGE 39, 1 (43) sowie zahlreiche folgende Entscheidungen, zuletzt etwa BVerfGE 58, 81 (121 ff.); 60, 79 (93).

[126] Siehe *Lerche*, Übermaß und Verfassungsrecht, 1961, bes. S. 152 f.; aufgenommen etwa bei *Hesse*, Grundzüge des Verfassungsrechts der Bundesrepublik Deutschland, 13. Aufl. 1982, Rdnr. 72, S. 27. Zahlreiche weitere Nachweise zuletzt bei *Loschelder*, Vom besonderen Gewaltverhältnis zur öffentlich-rechtlichen Sonderbindung, 1982, S. 419 mit Anm. 295. Speziell zu Härteklauseln, Übergangslösungen u. a. siehe schon *Lerche*, Übermaß, a.a.O., S. 193 ff.

[127] Vgl. oben A II 4, S. 23 ff.

[128] Abschwächend *Maunz*, a.a.O., Rdnr. 52 zu Art. 107 GG (Neubearbeitung April 1983): Rechtfertigung „höchstens übergangsweise, nicht aber auf Dauer".

II. Der Finanzausgleich als Steuerkraftausgleich?

5. Gegenaspekte aus „Sinn und Zweck"; Zwischenbilanz

a) Wenn Entstehungsgeschichte, Systematik und bisherige Staatspraxis übereinstimmend und mit Gewicht darauf hindeuten, daß der Finanzausgleich als Steuerkraft-Ausgleich zu verstehen ist, so fehlt diesem Zwischenergebnis dennoch eine volle Evidenz; denn wie schon zu Eingang dieses Abschnitts angedeutet (oben B II 1), zeigt der isoliert gelesene Wortlaut in eine andere Richtung, worauf sich denn auch, wie schon dort vermerkt, einige Autoren stützen. Auch kann nicht vorweg behauptet werden, daß *nur* die von der Entstehungsgeschichte, Systematik und Praxis nahegelegte Interpretation zu vernünftigen, billigen Ergebnissen führt. Die Wortlaut-Interpretation hat zwar mit der Schwierigkeit zu kämpfen, daß von ihr aus gesehen unklar ist, wie im einzelnen die — gewiß notwendige — Grenzziehung erfolgen soll; doch kann nicht schon von Haus aus gesagt werden, daß eine Interpretation, die *nicht nur* Steuern zugrunde legt, stets zu unvernünftigen Resultaten führen müsse. Daher wird im Späteren vorsorglich auch eine derartige breitere Interpretation bedacht und zugrunde gelegt werden müssen.

b) Andererseits kann nicht umgekehrt ein irgendwie näher erkennbarer *Sinn und Zweck* der Vorschrift schon sozusagen vorweg der hier primär sich zeigenden Interpretation (Finanzkraft als Steuerkraft) entgegengehalten werden. Wenn *Maunz*[129] meint, man könne nicht annehmen, ein Land solle von den anderen unterstützt werden, obwohl seine Steuerschwäche durch überdurchschnittliche andere Einnahmen ausgeglichen wird, die in den anderen Ländern nicht „erzielbar" sind, so ist dies vom Standpunkt der von der Entstehungsgeschichte etc. nahegelegten Interpretation eine Billigkeitserwägung, die möglicherweise Anlaß zu einer — wohlzudosierenden — Verfassungsänderung geben mag; diese kann aber nicht schon durch Uminterpretation des geltenden Rechts vorweggenommen werden.

Dagegen, die Interpretation allein auf diesen Gesichtspunkt abzustellen, spricht aber vor allem die außerordentliche Vagheit der Kriterien, die über die Frage entscheiden sollen, von welchen andersartigen Einnahmen denn bei dieser Gesamtrechnung nun ausgegangen werden soll: „Erzielbar" sind höchst unterschiedliche Einnahmen, über deren sinnvolle Einrechnung in den Finanzausgleich man ebenfalls höchst unterschiedlich denken kann; Einnahmen etwa aus der Veräußerung gewissen Staatsgutes werden anders zu sehen sein als andersgeartete (nichtsteuerliche) Einnahmen. Der „Reichtum" bzw. die „Armut" eines Landes sind höchst unklare, auf diese allgemeine Weise kaum ergiebig definierbare Vorstellungen, löst man sie von der einigermaßen handgreifli-

---
[129] a.a.O., Rdnrn. 48 u. 50 zu Art. 107 GG (Neubearbeitung April 1983).

chen, wenn auch immer noch konkretisierungsbedürftigen Vorstellung des *Steuer*kraft-Ausgleichs ab. Die Vorstellung von „Sinn und Zweck" der Vorschrift enthält daher keinen ausreichend klar erkennbaren Fingerzeig, der schon für sich allein imstande wäre, das Ergebnis der anderen, hier näher behandelten Rechtsgewinnungsmaximen (gleich Auslegungskriterien) einfach umzudrehen.

Dies gilt um so mehr, als wirklich nicht hinnehmbare unbillige Resultate auch aus der Sicht dieses Standpunktes vermieden werden können: Wie grundsätzlich jede andere Verfassungsnorm ist auch ein als Steuerkraft-Ausgleich verstandener Finanzkraft-Ausgleich im Einzelfall *analoger* Erweiterung zugänglich. Ein derartiges Verfahren hat den Vorteil, die Umstände des *Einzelfalles* (auch der einzelnen Abgabesituation) gebührend beachten zu können. Dieses Vorzugs muß demgegenüber eine Betrachtungsweise entraten, die darauf verwiesen ist, pauschal mit Begriffen einer derartigen Weite (gesamtes Finanzaufkommen) zu arbeiten, die jedenfalls in dieser amorphen Ausdehnung zu konkreter Verwertung untauglich sind.

Wie schon bemerkt, ist aber auch der handgreiflichere Begriff des Steuerkraft-Ausgleiches noch konkretisierungsbedürftig, da der hier gemeinte Begriff der Steuer selbst nicht vollends präzise ist. Daher ist im Folgenden zunächst zu fragen, ob die Förderabgabe Steuerqualität in diesem Sinne besitzt oder nicht.

III. Die Förderabgabe als Steuer?

Oben (B II 3 a) bb), S. 53 ff.) ist schon darauf hingewiesen worden, daß es Bedenken begegnet, die Förderabgabe in den Finanzausgleich, verstanden als Steuerkraftausgleich, einzubeziehen, auch wenn es sich um eine Steuer handeln sollte. Dennoch soll, wie angekündigt, vorsorglich untersucht werden, ob es sich bei der Förderabgabe um eine Steuer im hier maßgeblichen Sinne handelt.

1. Der Steuerbegriff des Grundgesetzes

a) Nach ständiger Rechtsprechung des *BVerfG*[130] liegt den Kompetenzvorschriften des Grundgesetzes der durch § 1 I Reichsabgabenordnung vom 22. Mai 1931 (RGBl. I S. 161) definierte Steuerbegriff zugrunde. Danach sind Steuern „einmalige oder laufende Geldleistungen, die nicht eine Gegenleistung für eine besondere Leistung darstellen und von

---

[130] Vgl. BVerfGE 55, 274 (299) mit Nachweisen aus der früheren Rechtsprechung.

III. Die Förderabgabe als Steuer? 65

einem öffentlich-rechtlichen Gemeinwesen zur Erzielung von Einkünften allen auferlegt werden, bei denen der Tatbestand zutrifft, an den das Gesetz die Leistungspflicht knüpft. Zölle fallen darunter; nicht darunter fallen Gebühren für besondere Inanspruchnahme der Verwaltung und Beiträge (Vorzugslasten)". Danach ist die Förderabgabe eine Steuer insbesondere dann nicht, wenn sie die Gegenleistung „für eine besondere Leistung" des Staates darstellt.

b) Zu keinem Zeitpunkt hat das BVerfG erkennen lassen, daß es einen gespaltenen Steuerbegriff kennt, je nachdem um welche Vorschriften der Verfassung es geht. Stets ist das Gericht davon ausgegangen, daß das Grundgesetz an allen einschlägigen Stellen den einen einfachgesetzlichen Steuerbegriff — heute § 3 I Abgabenordnung 1977 — übernommen hat. Dies muß deswegen unterstrichen werden, weil versucht worden ist, dem Grundgesetz einen abweichenden Steuerbegriff zu unterlegen.

aa) In zwei Abhandlungen unternimmt *Kreft*[131] den Versuch, den (einheitlichen) Steuerbegriff des Grundgesetzes weiter zu interpretieren, als dies § 1 RAO bzw. § 3 I AO 1977 nahelegen. Er ist der Auffassung, daß Steuern im Sinn des Grundgesetzes auch die sogenannten *„Gebührensteuern"* sind, d. h. solche Gebühren, deren Aufkommen die der Verwaltung durch die Inanspruchnahme verursachten Kosten übersteigt[132].

Er entnimmt dies zwar nicht dem geltenden Recht, aber doch dem Landessteuergesetz vom 30. März 1920 (RGBl. S. 402) und den Finanzausgleichsgesetzen vom 23. Juni 1923 (RGBl. I S. 494) und vom 27. April 1926 (RGBl. I S. 203). In § 2 I dieser Gesetze hieß es, daß die „Inanspruchnahme von Steuern für das Reich ... die Erhebung gleichartiger Steuern durch die Länder und Gemeinden (Gemeindeverbände)" ausschließe, „wenn nicht reichsgesetzlich ein anderes vorgeschrieben ist". Diese Bestimmung, meint Kreft, schütze die reichsgesetzlich geregelten Steuerquellen nur dann umfassend und wirksam, wenn sie nicht nur die reinen, sondern auch die Gebührensteuern umfaßte. In der Tat spricht einiges für diese Interpretation[133].

bb) Die Argumentation von Kreft trägt aber schon deshalb nicht, weil sie sich auf eine (immerhin mögliche und auch vertretene) Interpretation von solchen Vorschriften stützt, die allein in der Weimarer Zeit, nicht unter der Geltung des Grundgesetzes in Kraft gewesen sind; der

---

[131] *Kreft*, Die begriffliche Abgrenzung von Steuer und Gebühr, Diss. Göttingen 1968; ders., Neue Wege im Gebührenrecht?, DVBl. 1977, 369.
[132] Ausdruck von *Schäffle*, Die Grundsätze der Steuerpolitik, 1880, S. 51, 504; dems., Die Steuern, Allgemeiner Teil, 1895, S. 32; Besonderer Teil, 1897, S. 373.
[133] Vgl. die Hinweise bei *Kreft*, DVBl. 1977, 369 (374 mit Anm. 50 und 51).

Steuerbegriff dieser Normen *kann* deswegen von vornherein dem Grundgesetz nicht unterlegt werden. Anders wäre es nur dann, wenn § 1 RAO diesen weiteren Steuerbegriff ebenfalls übernommen und der Nachfolgebestimmung — § 3 I AO 1977 — weitervermittelt hätte. Diese Auffassung wird nirgends vertreten. Hinzu kommt, daß die Aufgabe, die Steuerquellen des Bundes zu schützen, heute unmittelbar von der Verfassung, Art. 105 II a GG, übernommen worden ist. Danach haben die Länder die Befugnis zur Gesetzgebung über die örtlichen Verbrauchs- und Aufwandsteuern, solange und soweit sie nicht bundesgesetzlich geregelten Steuern gleichartig sind. Diese Vorschrift ist bislang noch nicht dahin interpretiert worden, daß sie auch Gebührensteuern umfaßt[134].

Aber selbst wenn eine solche Auslegung im Zusammenhang mit dem Problem der „Gleichartigkeit" befürwortet und sich durchsetzen würde, wäre damit eine Entscheidung über unser Thema — die Einbeziehung einer Gebührensteuer in den horizontalen Finanzausgleich nach Art. 107 II GG — nicht getroffen. Vielmehr läge es dann viel näher, wie seinerzeit im Falle der einfachen Reichssteuergesetze jetzt im Falle des Grundgesetzes mit mehreren Steuerbegriffen zu arbeiten[135].

2. Die „besondere Leistung" des Staates nach dem Bundesberggesetz

Gegen die Betrachtung der Förderabgabe als Steuer spricht wohl in erster Linie (oder allein), daß sie möglicherweise die „Gegenleistung" für eine „besondere Leistung" des Staates ist. Sie wäre dann nicht „voraussetzungslos geschuldet" und somit keine Steuer.

a) Die „besondere Leistung" des Landes sollte nicht in den Amtshandlungen gesehen werden, die zu der Erlaubnis, Bewilligung oder Verleihung des Bergwerkseigentums führen. Sie werden durch die bergrechtlichen Verwaltungsgebühren gesondert abgegolten, wie oben dargelegt[136].

b) Nach dem Bundesberggesetz wird die Abgabe vom Inhaber der Erlaubnis oder Bewilligung bzw. dem Bergwerkseigentümer geschuldet.

---

[134] Vgl. nur *Fischer-Menshausen*, in: von Münch (Hrsg.), GG-Kommentar, Bd. 3 (1978), Rdnr. 7 zu Art. 105.
[135] Im Ergebnis ebenso *Kisker*, Gutachten, S. 21—23.
[136] Vgl. A II 2 c, S. 21 f. Wenn die Sachverständigen, die im Laufe der Entstehung des Bundesberggesetzes angehört wurden oder sich gutachtlich äußerten, z. T. die Verwaltungskosten in Ansatz gebracht haben, um anzudeuten, daß die Förderabgabe jedenfalls im Ansatz **Gegenleistungscharakter** habe (vgl. oben A II 4 c, d, S. 25 ff.), so scheint die gesonderte gebührenrechtliche Regelung übersehen worden zu sein.

III. Die Förderabgabe als Steuer?

Sie setzt also voraus, daß die betreffenden Rechtspositionen dem Abgabenschuldner verschafft sind. Ohne Bergbauberechtigung keine Förderabgabe. Die Abgabe läßt sich daher als „Gegenleistung" des Bergbauberechtigten für die Einräumung der Bergbauberechtigung als der „besonderen Leistung" des Landes ansehen.

Dem entspricht es, wenn die Regierungsbegründung zum Entwurf eines Bundesberggesetzes[137] von „Verleihungsgebühren" und die Literatur[138] von „Konzessionsgebühren" sprechen.

c) Allerdings ist fraglich, ob diese Verknüpfung allein ausreicht, um die Förderabgabe dem Bereich der Steuer zu entziehen. Immerhin sind aus der Praxis Abgaben geläufig, die in ähnlicher Weise an eine Konzession anzuknüpfen scheinen und dennoch als Steuern verstanden werden.

aa) So wurden und werden von den Gemeinden aufgrund landesgesetzlicher Ermächtigung sogenannte *Schankerlaubnissteuern* erhoben. Die entsprechenden gemeindlichen Vorschriften knüpfen die Steuer an die Erlangung der Erlaubnis zum ständigen Betrieb einer Gastwirtschaft etc. und bemessen die Höhe der Abgabe regelmäßig nach dem Jahresertrag und/oder dem Anlage- und Betriebskapital. Eine solche Abgabe droht insbesondere in Kollision mit § 7 I Nr. 6 GewO zu geraten, wonach „vorbehaltlich der an den Staat und die Gemeinde zu entrichtenden Gewerbesteuern, alle Abgaben, welche für den Betrieb eines Gewerbes entrichtet werden, sowie die Berechtigung, dergleichen Abgaben aufzuerlegen", aufgehoben sind. Die Rechtsprechung hat jedoch alsbald klargestellt, daß eine Abgabe nur dann *„für den Betrieb eines Gewerbes"* erhoben wird, wenn „zwischen der Befugnis zum Betrieb des Gewerbes und der Verpflichtung zur Entrichtung der Abgabe eine Wechselbeziehung stattfindet, so daß jene Befugnis nur unter der Verpflichtung zur Leistung der Abgabe besteht und diese Verpflichtung den Preis für die Befugnis zum Gewerbebetrieb bildet".[139]

Das BVerfG hat sich dieser Rechtsprechung im Ergebnis angeschlossen und die Schankerlaubnissteuer nicht als „Abgabe" im Sinne des § 7 I Nr. 6 GewO angesehen[140]. Anderseits läßt das Gericht keinen Zweifel daran, daß es sich um eine *Steuer* handelt. Sie knüpfe an die Erteilung der Erlaubnis an; ihr Gegenstand sei die Erlangung einer wirtschaftlich relevanten Erwerbsposition, die einer Person gestatte, das Bedürfnis

---
[137] Vgl. BTDrucks. 8/1315, S. 71, 85, 95.
[138] Vgl. zunächst nur F. *Kirchhof*, Die Höhe der Gebühr, 1981, S. 29 f.
[139] RGZ 6, 90 (92); PrOVG 21, 176 (179); 52, 7 (9); BVerwGE 6, 50 (51).
[140] BVerfGE 13, 181 (197 ff.).

der Bevölkerung nach Geselligkeit und Entspannung und Genuß alkoholischer Getränke zur Erwerbsquelle zu machen[141].

Diese Sichtweise läßt nicht klar erkennen, warum die Schankerlaubnissteuer eine Steuer, die Förderabgabe nach dem Bundesberggesetz aber keine Steuer sein soll. In beiden Fällen scheint eine „besondere Leistung" des Staates in Gestalt der Konzession vorzuliegen und die Abgabe dafür die „Gegenleistung" des Konzessionärs zu sein. Danach scheint es nahe zu liegen, die Schankerlaubnis„steuer" eher als eine Art Gebühr anzusehen. Die verwaltungsgerichtliche Rechtsprechung macht jedoch den Unterschied deutlicher: Insbesondere das *BVerwG* hat klargestellt, daß die Schankerlaubnissteuer zwar tatbestandsmäßig an die Erlangung der Schankerlaubnis anknüpfe, aber nicht um der Erlaubnis willen erhoben werde, sondern wegen der besonderen Art der erlaubten Erwerbsquelle, die gegenüber anderen erlaubnispflichtigen Gewerben Besonderheiten aufweise: Gast- und Schankwirte erzielten in der Regel den größeren Teil ihrer Einkünfte aus dem Ausschank alkoholischer Getränke; ihrem Interesse am Alkoholverbrauch der Bevölkerung stünden nicht unerhebliche schutzwürdige Interessen der Allgemeinheit in gesundheits- und sozialpolitischer Hinsicht sowie wesentliche Belange der öffentlichen Sicherheit und Ordnung entgegen[142].

Danach ist die Konzession also die *Voraussetzung* für die Erhebung der Steuer, die Steuer aber nicht das „Entgelt" für die Konzession. Es geht vielmehr darum, über die Steuer die Allgemeinheit an dem Nutzen, den der Wirt aus dem Alkoholkonsum der Bevölkerung zieht, zu beteiligen[143].

Auch diese näheren Erläuterungen vermögen freilich den Anschein einer gewissen strukturellen Verwandtschaft zwischen Schankerlaubnissteuer und Förderabgabe nicht völlig zu beseitigen. Wenn die Schankerlaubnissteuer auch entgegen dem ersten Eindruck sich nach dem Bisherigen nicht als Gebühr darstellt, so scheint doch umgekehrt nach wie vor offen, warum nicht unter denselben Vorzeichen die Förderabgabe als Steuer oder steuerähnliche Einnahme qualifiziert werden kann. Solange man allein die Übertragung der Bergbauberechtigungen im Auge hat, ist nicht recht deutlich, worin der maßgebliche Unterschied zur Ausgestaltung der Schankerlaubnissteuer liegen soll. Darauf ist (unten d) zurückzukommen[144].

---

[141] BVerfGE 13, 181 (193); 29, 327 (331 ff.).
[142] BVerwGE 39, 311 (312); Beschluß vom 12. 4. 1977, KStZ 1978, 72 f.; vgl. ebenso OVG Münster, KStZ 1973, 197 und 198 f.
[143] BVerwGE 39, 311 (313).
[144] Weitere Hinweise zur Bedeutung und Ausgestaltung der Schankerlaubnissteuer vgl. bei *Hansmeyer*, Steuern auf spezielle Güter, in: Neumark

III. Die Förderabgabe als Steuer?

bb) Verwandte Fragen wirft eine andere „Konzessions-Steuer", die Spielbankabgabe auf. Art. 106 II Nr. 6 GG qualifiziert sie unmißverständlich als *Steuer*. So ist die Abgabe wohl auch vom Gesetzgeber stets verstanden worden[145].

Ähnlich wie die Schankerlaubnissteuer knüpft die Spielbankabgabe an eine Konzession an. Dementsprechend ähneln sich die Argumente, die für oder gegen die steuerliche Qualifikation der Abgaben sprechen. Der BFH jedenfalls hat in seinem Gutachten vom 21. Januar 1954[146] die Abgabe als Steuer angesehen[147].

Aus der umfassenden Abschöpfung der Spielerträge, die durch die besonderen Verhältnisse der Spielbank veranlaßt sei und diesen Verhältnissen Rechnung trage, ergebe sich, daß es sich bei der Abgabe nicht um eine Verwaltungsabgabe, um eine Abgabe nur für die Genehmigung zum Betrieb einer Spielbank handeln könne. Vielmehr handele es sich um laufende Geldleistungen, die zur Erzielung von Einkünften allen auferlegt würden, die eine Spielbank betrieben, ohne daß diese Geldleistungen eine Gegenleistung für eine besondere Leistung darstellten. Die Abgabe sei daher Steuer im Sinne der AO.

Auch diese Qualifikation ist geeignet, die Förderabgabe nach dem Bundesberggesetz mit ähnlichen Gründen in die Nähe einer Steuer zu rücken. Auch hier wird an die Konzession angeknüpft, aber nicht eigentlich die Konzession selbst entgolten. Auch hier werden — wenn auch nicht so umfassend wie im Falle der öffentlichen Spielbanken — Erträge abgeschöpft.

(Hrsg.), Handbuch der Finanzwissenschaft, II, 3. Aufl. 1980, S. 709 (870 ff.). Wie immer man freilich die Dinge dreht und wendet, die Schankerlaubnis scheint begrifflich einer Gebühr doch näher zu stehen als einer Steuer, so daß zwar die herrschende Qualifikation der Schankerlaubnissteuer als Steuer ein Fragezeichen hinter die nichtsteuerliche Qualifikation der recht ähnlichen Förderabgabe zu setzen vermag, nicht aber ihr eigentliches Wesen. Das Unbehagen an der herrschenden Qualifikation der Schankerlaubnissteuer formuliert treffend *Wilke*, Gebührenrecht und Grundgesetz, 1973, S. 283 ff., der sie schließlich nur als „Steuer kraft Tradition (und nicht kraft Qualität)" akzeptiert (a.a.O., S. 286).

[145] Vgl. nur beispielhaft das Berliner Gesetz über die Zulassung einer öffentlichen Spielbank in Berlin vom 13. April 1973, GVBl. S. 646, insbesondere § 2 III—V. Weitere Hinweise z. B. bei *Hansmeyer*, a.a.O., S. 863 f., 867. Die Spielbankabgabe ist nicht zu verwechseln mit der Verwendung des sogenannten Tronc; dazu z. B. Berliner Verordnung über die Verwendung des Tronc der öffentlichen Spielbank in Berlin vom 22. April 1975, GVBl. S. 1146. Zur nicht-steuerlichen Qualifikation der Tronc-Abgabe vgl. BVerfGE 28, 119 (149 f.). Dort wird allerdings ausdrücklich offengelassen, ob die eigentliche Spielbankabgabe als Steuer zu qualifizieren sei, a.a.O., S. 150 f.

[146] BFHE 58, 556 (559 f.).

[147] Rechtsgrundlage der Abgabe seinerzeit: §§ 5 und 6 I der Verordnung über öffentliche Spielbanken vom 27. Juli 1938 (RGBl. I S. 955).

d) Gerade die soeben aufgezeigten Qualifikationsschwierigkeiten sind geeignet, den Blick für die besonderen Umstände der bergrechtlichen Förderabgabe zu schärfen.

aa) Man könnte einmal daran denken, die Besonderheit dieser Abgabe im Vergleich zur Schankerlaubnissteuer und zur Spielbankabgabe etwa darin zu sehen, daß hier anders als dort eine *exklusive* Rechtsposition vom Staat eingeräumt wird. Die Bergbauberechtigungen vermitteln ihrem Inhaber eine absolute Rechtsposition, die er unter Ausschluß Dritter wahrnehmen kann. Soweit diese Rechtsposition reicht, kann sie nur *einmal* vergeben werden. Hat der Staat sie einmal auf den Bergbauberechtigten übertragen, kann er über sie, solange sie andauert, nicht anderweit und nochmals verfügen. Die Konzession ist insoweit nicht wiederholbar, der Staat hat sich insoweit seiner Dispositionsmöglichkeiten begeben. Weitere Bergbauberechtigte kann er nicht nach seinem Belieben zulassen.

Dies bedeutet: Aus der Sicht des Konzessionärs mag die Spielbankkonzession oder die Gaststättenkonzession, relativ gesehen, ebensoviel wert sein wie die Bergbauberechtigung. Aus der Sicht des Staates jedoch scheint hinter der „Förderkonzession" eine andere, insbesondere weil u. U. einmalige, Leistung des Staates zu stehen. Dies könnte es bei der Förderabgabe näher als bei den anderen Abgaben legen, die Abgabe mit der Konzession selbst zu verknüpfen.

bb) Entscheidend dürfte aber wohl dies sein: Bei der Konzession des Schankbetriebes und der Spielbank geht es darum, private Tätigkeiten aufgrund privater Investitionen zuzulassen. Der Staat stellt, abgesehen von der Erlaubnis, nichts zur Verfügung, jedenfalls sind mit ihr weitere Leistungen des Staates nicht begriffsnotwendig verbunden. Anders bei der Bergbauberechtigung: Zwar mag es auch nach dem Bundesberggesetz 1980 so sein, daß der Staat auch an den bergfreien (d. h. den nicht grundeigenen) Bodenschätzen kein Eigentumsrecht, auch kein öffentliches Eigentum irgendeiner Art, hat. § 3 II BBergG schließt nur negativ aus, daß der Grundeigentümer Eigentum an den bergfreien Bodenschätzen innehat. Insofern mag sich gegenüber dem früheren Rechtszustand nichts geändert haben, unter dem nach herrschender Auffassung die nicht grundeigenen Bodenschätze herrenlos waren oder wie herrenlose Sachen zu behandeln waren[148].

---

[148] Nach h. M. sind die bergbaufreien Bodenschätze vor der Verleihung *herrenlos*, mögen auch nicht sämtliche Voraussetzungen des BGB für die Herrenlosigkeit erfüllt sein, und zwar unabhängig davon, ob die Schätze unter den echten oder den unechten Staatsvorbehalt fielen. Dazu aus der Rechtsprechung etwa RGZ 135, 197 (201); BGHZ 19, 209 (225 f.); aus der Literatur z. B. *Turner*, Das bergbauliche Berechtsamswesen, 1966, S. 97 ff., 183 ff., 186; *Ba-*

III. Die Förderabgabe als Steuer?

Das ändert nichts daran, daß der Staat heute wie damals an diesen Bodenschätzen ein Verfügungsrecht in dem Sinne besitzt, daß ohne seine Mitwirkung kein Dritter eine Bergbauberechtigung oder Eigentum an den Bodenschätzen erwerben kann. Die wirtschaftliche Position, die der Staat nach dem Bundesberggesetz zunächst innehat und mit der Konzession aufgibt, an den Bergbauberechtigten „abtritt", ist keine andere als unter dem System des *echten Staatsvorbehalts*, der in den Ländern, auch in Niedersachsen bzw. seinen Vorgängern, spätestens seit 1934 golten hat[149]. Das geltende Konzessionssystem bekennt sich zwar nicht ausdrücklich zum echten Staatsvorbehalt, sucht aber nach den eigenen Erklärungen des Gesetzgebers[150] dessen Wirkungen auf einfacherem Wege zu erreichen[151].

Diese Ausgestaltung macht deutlich: Die bergfreien Bodenschätze mögen in niemandes, auch nicht des Staates Eigentum stehen. Dennoch hat allein der Staat das Recht, über sie zu verfügen. Dieses Recht und mit

---

dura, Das Verwaltungsmonopol, 1963, S. 115 Anm. 92; *Willecke / Turner*, Grundriß des Bergrechts, 2. Aufl. 1970, S. 7 ff., 51 ff., 89; *H. Westermann*, Freiheit des Unternehmers und des Grundeigentümers und ihre Pflichtenbindungen im öffentlichen Interesse nach dem Referentenentwurf eines Bundesberggesetzes, 1973, S. 33; *Karpen*, Grundeigentum und Bergbaurechte, AöR 106 (1981), 15 (18); *Dapprich / Franke*, Leitfaden des Bergrechts, 7. Aufl. 1982, S. 45. Das preuß. ABG hatte die Frage bewußt offengelassen; vgl. *Brassert*, Motive zu dem Entwurf eines ABG, ZfB 6 (1865), 57 (82).

[149] Vgl. oben A II 2 b) cc), S. 19.

[150] Vgl. Regierungsbegründung, BTDrucks. 8/1315, S. 85: „Zurückführung des echten Staatsvorbehalts auf seinen eigentlichen Kern"; „... die mit dem Institut des echten Staatsvorbehalts bezweckte Wahrung öffentlicher Interessen ... gewährleistet".

[151] Zum *Bergregal* vgl. *E. R. Huber*, Wirtschaftsverwaltungsrecht, I, 2. Aufl. 1953, S. 488 ff.; II, 2. Aufl. 1954, S. 106 ff.; *Westhoff / Schlüther / Willecke*, Die Deutsche Berggesetzgebung von den Anfängen bis zur Gegenwart, 1977, S. 18 ff. Zum echten und unechten *Staatsvorbehalt* vgl. BGHZ 19, 209 (225 ff.); 53, 226 (230 ff.); *Burmester*, Der staatliche Salzgewinnungsvorbehalt im gegenwärtigen deutschen Gesamtrechtssystem. Zugleich ein Beitrag zum Begriff „Bergrecht", AöR 23 (1908), 71 ff., 209 ff.; *Boldt*, Staat und Bergbau. Der Einfluß des Staates auf die rechtliche Gestaltung und wirtschaftliche Struktur des westdeutschen Bergbaus, 1950, S. 26 ff.; *Steffen*, Inhalt und Rechtsnatur des Staatsvorbehalts, ZfB 102 (1962), 310 ff., 424 ff.; *Badura*, Das Verwaltungsmonopol, 1963, S. 146 ff.; *Vogelsang*, Das Bergwerkseigentum und sein Verhältnis zum bürgerlich-rechtlichen Eigentum und zum Staatsvorbehalt, Diss. Mstr 1963; *Ebel / Weller*, Allgemeines Berggesetz, 2. Aufl. 1963, Anm. 2 zu § 2 ABG, S. 58 f.; *Turner*, Das bergbauliche Berechtsamswesen, 1966, S. 182 ff.; *dens.*, Die Einordnung des Staatsvorbehalts in das geltende Recht, ZfB 108 (1967), 198 ff.; *dens.*, Das Berechtsamswesen im künftigen Recht, ZfB 108 (1967), 442 (444 ff.); *Willecke / Turner*, Grundriß des Bergrechts, 2. Aufl. 1970, S. 7 ff., 50 ff.; *H. Westerman*, Freiheit des Unternehmers und des Grundeigentümers und ihre Pflichtenbindungen im öffentlichen Interesse nach dem Referentenentwurf eines Bundesberggesetzes, S. 29 ff. (dazu krit. *Schulte*, Grundzüge eines neuen Bergrechts, ZfB 115 [1974], 12 ff.); *Karpen*, Grundeigentum und Bergbaurechte, AöR 106 (1981), 15 (17 ff.).

ihm die Sache, d. h. die Bodenschätze, „*verkauft*" der Staat an den künftigen Bergbauberechtigten[152].

Mit der Rechtsübertragung geht Hand in Hand eine *Entreicherung* des Staates, der über den dem Dritten zur Verfügung gestellten Bodenschatz nun nicht mehr in aller Weise verfügen kann. Wenn und soweit der Dritte von der Berechtigung Gebrauch macht, ist der Bodenschatz unwiederbringlich verbraucht. Die Leistung des Staates ist nicht regenerierbar. Anders als bei der Konzession einer Spielbank oder einer Schankstätte „verkauft" der Staat bei der Übertragung der Bergbauberechtigung *Vermögen*. Die Rechtsübertragung wird mit einer Sachleistung verbunden.

Dies scheint der wesentliche Unterschied zu den genannten Konzessionen zu sein. Der Staat erbringt hier eine „besondere Leistung", für die die Förderabgabe in der Tat eine „Gegenleistung" darstellt. Es ist deswegen nicht möglich, die Förderabgabe als Steuer zu qualifizieren.

3. Die Bestätigung aus altem Recht

Diese Sicht der Förderabgabe als „Gegenleistung" wird nachdrücklich unterstrichen, wenn man hinzunimmt, daß der größere Teil der Bergbauberechtigungen nach altem Recht erteilt worden ist und heute noch nach Maßgabe des Bundesberggesetzes — vgl. insbesondere § 149 B-BergG — aufrechterhalten wird. Die Förderabgabe des § 31 BBergG ist auch auf die Förderung nach Maßgabe der alten Rechte zu erheben und zu entrichten; § 151 II Nr. 2 BBergG nimmt allein das aufrechterhaltene Bergwerkseigentum davon aus.

Das Aufsuchen und Gewinnen von Erdöl stand aber, wie dargestellt (vgl. oben A II 2 b) cc), S. 19 ff.), unter echtem Staatsvorbehalt, u. zw. insbesondere aufgrund der Verordnung 1934 auch in Niedersachsen. Unter diesem System aber, das vom BBergG in seinen Funktionen, nicht in seiner Ausgestaltung im Detail übernommen worden ist, war der Austausch- und Entgeltcharakter der Beziehungen zwischen Konzessionär und Staat womöglich noch deutlicher als heute, wo die Preise normativ vorgeregelt sind[153].

---

[152] Der Sache nach ähnlich *Selmer*, Schriftsatz vom 4. 12. 1982, S. 6, zur nichtöffentlichen Anhörung von Sachverständigen des Finanzausschusses des BT am 7. 12. 1982 (vgl. oben sub A II 4, c und d), Anlage zum Protokoll Nr. 44 a: Wirtschaftlich rücke die der Förderabgabe zugrunde liegende Bewilligung der Förderung in die Nähe eines Veräußerungsgeschäftes. Selmer folgert daraus immerhin, daß die Förderabgabe nicht unbeschränkt in den Ausgleich einbezogen werden dürfte. Vgl. a.a.O., S. 5—7.

[153] Die gründliche Arbeit von *Reinmitz*, Rechtlicher Inhalt und Bedeutung der Regelung des Berechtsamswesens im Regierungsentwurf eines Bundesberggesetzes, Diss. Freiburg i. Br., 1976, hat im übrigen nachge-

III. Die Förderabgabe als Steuer? 73

Dieser Austausch- und Entgeltcharakter geht nicht dadurch verloren, daß an die Stelle früher vereinbarter Förderzinsen seit 1982 die Förderabgabe getreten ist. Das „Preisdiktat" ändert nichts daran, daß Leistung und Gegenleistung ausgetauscht worden sind und werden.

Dies würde für die alten Bergbauberechtigungen auch dann gelten, wenn das BBergG für neu zu begründende Berechtigungen ein völlig neues System geschaffen hätte.

4. Die Übereinstimmung mit der herrschenden Meinung

Die oben sub 2/3 vertretene Auffassung, die Förderabgabe sei keine Steuer, weil sie nicht „voraussetzungslos" geschuldet werde, vielmehr die Gegenleistung für eine Rechts- und Sachleistung des Staates darstelle, entspricht der herrschenden Auffassung.

a) Im Einklang mit dem Gesetzgeber des Bundesberggesetzes selbst[154] ist die überwiegende Literatur, soweit ersichtlich, der Auffassung, daß die Förderabgabe keine Steuer sei[155].

b) Bisher haben sich zwei Gegenstimmen gefunden.

aa) So ist *Schulte*[156] der Meinung, daß der „Besteuerungscharakter" der Förderabgabe „nicht länger übersehen werden" sollte. Nachdem er zunächst ein privatrechtliches Entgelt ausscheiden läßt, fragt er nach dem Gegenleistungscharakter der Abgabe. Die Förderabgabe als Gegenleistung aufzufassen, sei „von Anfang an ziemlich verfehlt" gewesen, lasse „sich nach dem neuen Gesetz insbesondere wegen der wirtschaftslenkenden Funktion der bergrechtlichen Abgabe aber erst recht nicht mehr aufrechterhalten."

Ohne die Steuermerkmale im einzelnen zu prüfen, hebt Schulte also wesentlich auf die Frage der Gegenleistung ab. Leider geht aus seinen Ausführungen nicht hervor, warum die Annahme einer Gegenleistung

---

wiesen, daß sich in der Sache die Einwirkungsmöglichkeiten des Staates eher vervielfältigt als verringert haben. Die Autoren des BBergG haben ihr Ziel, die Wirkungen des echten Staatsvorbehalts „auf einfacherem Wege" zu erreichen, nicht verfehlt. Dadurch ist die Verfügungsgewalt des Staates über die Bodenschätze, in unserem Zusammenhang also: seine „besondere Leistung" im Falle der Konzessionierung, zwar besonders deutlich geworden, der Austauschcharakter des Konzessionsvorganges jedoch eher in den Hintergrund getreten.

[154] Vgl. BTDrucks. 8/1315, S. 95.
[155] *Kisker*, Gutachten, a.a.O., S. 5 ff.; *Maunz*, a.a.O., Rdnr. 42 zu Art. 107 GG (Neubearbeitung April 1983); *F. Kirchhof*, Die Höhe der Gebühr, 1981, S. 29 mit Anm. 37.
[156] Das Bundesberggesetz, NJW 1981, 88 (91).

von Anfang an ziemlich verfehlt gewesen sein soll. Was das heutige Recht anlangt, so scheinen ihm („insbesondere") mehrere Gründe dagegen zu sprechen, von einer Gegenleistung zu reden. Warum Wirtschaftslenkung und Gegenleistung einander ausschließen, wird ebenfalls nicht begründet[157].

bb) Ausführlicher widmet sich *Kirchhof* in scharfsinniger Analyse[158] der steuerlichen Qualifikation der Feldes- und Förderabgaben. Er versucht zunächst, die Figur der Verleihungsgebühr beiseite zu räumen: Die Verleihungsgebühr entgelte die Rechtsverschaffung, ohne daß es auf die Ausnutzung der Berechtigung ankomme. Dagegen sei Tatbestand der Abgaben nach dem Bundesberggesetz nicht die Rechtsverschaffung, sondern die Ausübung der Berechtigung bzw. Bewilligung und der wirtschaftliche Ertrag. Wegen ihrer Bemessungsgrundlage könne die Abgabe nicht als Verleihungsgebühr qualifiziert werden[159].

Damit wird jedoch vernachlässigt, daß anerkanntermaßen die Bemessungsgrundlage über den Charakter der betreffenden Abgabe gerade *nicht* entscheidet[160]. Zugleich bescheinigt Kirchhof dem Gesetzgeber, daß er mit der gewählten Bemessungsgrundlage den einzigen verfassungslegitimen Weg gegangen sei. Die eigentliche Konzessionierung sei weder entgeltbedürftig noch entgeltfähig[161].

Wie die (verfassungswidrige) Alternative — die Rechtsverleihung als Bemessungsgrundlage — praktisch hätte aussehen sollen, wird damit allerdings nicht deutlich. Auch bleibt unklar, wie es gelingen kann, von der (angeblichen) Verfassungswidrigkeit der Anknüpfung an die Rechtsverleihung darauf zu schließen, daß der Gesetzgeber tatsächlich an die Rechtsverleihung nicht angeknüpft habe; gibt es keine verfassungswidrigen Gebühren — „weil nicht sein kann, was nicht sein darf"? Worauf die Argumentation hinausläuft, zeigt sich in der Feststellung: „Im Ergebnis entgelten die Feldes- und Förderabgaben nicht eine Leistung der öffentlichen Verwaltung und sind deshalb keine Gebühren"[162].

Damit aber sind die Weichen nicht in die zutreffende Richtung gestellt. Der Weg zur Steuer ist nur scheinbar frei, weil Kirchhof die Sachleistung — Überlassung der Bodenschätze — überhaupt nicht in den

---

[157] Dazu näher noch unten IV 3, S. 87 ff.
[158] Gutachten, a.a.O., S. 70—88.
[159] a.a.O., S. 79.
[160] Vgl. nur etwa BVerfGE 13, 181 (192 ff.) zur Abgrenzung von Gewerbesteuer und Schankerlaubnissteuer. Was für die Qualifizierung als Steuer gilt, muß im gleichen Maße auch für die Einordnung angrenzender Abgaben gelten.
[161] a.a.O., S. 79 f.
[162] a.a.O., S. 81.

III. Die Förderabgabe als Steuer? 75

Blick nimmt. Von seinem Standpunkt aus kann sich der Blick freilich nur noch auf die Steuer*art* richten[163].

Zuvor freilich hat sich Kirchhof mit dem seinem Ergebnis entgegenstehenden Hindernis auseinanderzusetzen, daß es ein *Steuerfindungsrecht* des Gesetzgebers nicht gibt. Er räumt es mit dem Argument aus dem Wege, daß die Feldes- und Fördersteuer schon immer, wenn auch in anderer — eben nicht steuerrechtlicher — Gestalt vorhanden gewesen sei[164]. Es handle sich um eine „hergebrachte, jetzt nur finanzrechtlich qualifizierte und rechtsstaatlich bereinigte Steuer"[165].

Diese Argumentation vermag indes nicht zu überzeugen. Sie bedeutet ihrem Sachgehalt nach, daß eine — u. U. unzulässige — *Steuer*erfindung immer nur dann vorliegt, wenn eine neue *Einnahme*quelle erschlossen wird. Hat die Quelle dagegen schon früher gesprudelt, gleichgültig in welcher rechtlichen Gestalt, und wird sie nunmehr steuerlich kanalisiert, so liege eine „neue" Steuer nicht vor. Was der Gesetzgeber als Gebühr nicht „erfinden" durfte[166], als *Steuer* sollte es denn doch möglich sein. Dies läuft darauf hinaus, dem Gesetzgeber im Rahmen der Steuerverfassung weiteren Spielraum zu gewähren als im Bereich der Gebührenverfassung. Man fragt sich, warum das Grundgesetz zwar die *Steuer*erträge akribisch aufgeteilt, aber die Gebührenerhebungs- und -ertragskompetenz mit keinem Wort bedacht hat. Wozu insbesondere die Anstrengungen des Art. 106 GG, wenn er einerseits für Steuern nicht das Erwartete leistet, andererseits für Gebühren auch ohne ihn Strikteres gilt? Diese Sicht befriedigt also schwerlich[167].

c) Aus den genannten und den noch unten (IV 3) hinzutretenden Gründen muß daher im Einklang mit der oben 2 und 3 vertretenden

---

[163] Die dahin weisenden Bemühungen *Kirchhofs*, a.a.O., S. 82—87, die ihn zu der Annahme führen, es handele sich um eine spezielle Steuer von Vermögen und zugleich um eine Realsteuer außerhalb des speziellen, traditionell gebundenen Realsteuerbegriffs des Art. 106 VI GG (a.a.O., S. 86), brauchen hier nicht weiter verfolgt zu werden. Nachdem es nach der hier vertretenen Auffassung keinesfalls um eine Steuer geht, soll nicht auch noch vorsorglichlich untersucht werden, um welche Steuer*art* es gehen könnte.

[164] a.a.O., S. 82 f.

[165] a.a.O., S. 83.

[166] *Kirchhof*, a.a.O., S. 79.

[167] Im übrigen impliziert die *Kirchhof'sche* These, daß es sich bei den Förderzinsvereinbarungen nach altem Recht gar nicht um Vereinbarungen gehandelt habe. Das dürfte dann wohl auch für Konzessions„abgaben" in anderen Sektoren, etwa der gemeindlichen Energieversorgung, gelten. *Kirchhof* setzt sich damit in Gegensatz zu der ganz überwiegenden Auffassung, daß die Vereinbarungen, nach altem Recht als Verträge zu qualifizieren waren, wobei allerdings die Zuordnung zum Privatrecht oder zum Öffentlichen Recht fraglich bleiben mochte. Vgl. im einzelnen mit Nachweisen *Turner*, Der Rechtscharakter von Förderzinsvereinbarungen beim Bergbau auf staatsvorbehaltene Mineralien, ZfB 111 (1970), 42 ff.

Auffassung der herrschenden Meinung (vgl. oben a) zugestimmt werden, daß die Förderabgabe *keine Steuer* ist.

5. Besteuerbarkeit der Erdölgewinnung?

Vorsorglich sei angemerkt, daß mit alledem zu der Frage, ob die mit der Aufsuchung und Gewinnung des Erdöls bzw. Erdgases verbundenen Vorgänge überhaupt besteuerbar sind, nicht Stellung genommen ist. Der Umstand, daß die Förderabgabe keine Steuer ist, besagt nicht, daß die betreffenden Vorgänge bei gehöriger Gestaltung nicht außerdem oder stattdessen mit einer Steuer oder sonstigen Abgabe belegt werden könnten. Es ist deswegen auch nicht der Ort, über die Denkbarkeit und Zulässigkeit einer Verbrauchsteuer auf die inländische Erdöl- und Erdgasförderung[168] zu diskutieren. Ebensowenig kann es hier darauf ankommen, ob neben oder statt der Förderabgabe eine parafiskalische Sonderabgabe in Gestalt einer Ausgleichsabgabe[169] konstruierbar und legitim wäre.

6. Positive Qualifikation der Förderabgabe

Für die Zwecke dieser Untersuchung reicht weiterhin die Feststellung aus, daß die Förderabgabe jedenfalls *keine Steuer* ist.

Wenn die bisherige negative Qualifikation als Nicht-Steuer zutrifft, bliebe übrig, die Förderabgabe als sonstige fiskalische Abgabe[170] anzusehen. Nach der herkömmlichen Einteilung liegt die gebührenrechtliche Zuordnung näher als die beitragsrechtliche[171].

Freilich bleibt die herkömmliche und z. T. in den einfachen Gesetzen wiederkehrende Zweiteilung der Gebühren in Verwaltungs- und Benutzungsgebühren unbefriedigend; sie erschöpft die Palette „besonderer

---

[168] Erwogen und befürwortet von *Nicolaysen,* Fördergewinne und Verbrauchsteuer, 1981, insbesondere S. 14 ff.

[169] Anläßlich eines Referentenentwurfs diskutiert *von Ipsen,* Bundes-Ausgleichsabgaben zur Wirtschaftslenkung. Zur bundesgesetzlichen Abschöpfbarkeit von „windfall profits" aus inländischer Erdöl- und Erdgasgewinnung, DVBl. 1976, 653 ff.

[170] Eine parafiskalische Abgabe scheidet aus, da das Förderabgabeaufkommen in den Haushalt eines „öffentlich-rechtlichen Gemeinwesens" gelangt.

[171] Eine *Gebühr* ist eine öffentlich-rechtliche Geldleistung, „die aus Anlaß individuell zurechenbarer, öffentlicher Leistungen dem Gebührenschuldner durch eine öffentlich-rechtliche Norm oder sonstige hoheitliche Maßnahme auferlegt" wird „und dazu bestimmt" ist, „in Anknüpfung an diese Leistung deren Kosten ganz oder teilweise zu decken"; BVerfGE 50, 217 (226) m. w. N. Beim *Beitrag* im abgabenrechtlichen Sinn geht es um die Beteiligung der Interessenten an den Kosten einer öffentlichen Einrichtung, von der sie Nutzen haben; BVerfGE 38, 281 (311) m. w. N.; 49, 343 (353).

III. Die Förderabgabe als Steuer? 77

Leistungen" des Staates, für die vom Privaten eine Gegenleistung gefordert werden kann, keineswegs. Die bergrechtliche Förderabgabe macht gerade — wie andere ähnliche Abgaben auch — empirisch darauf aufmerksam, daß es synallagmatische Leistungsbeziehungen zwischen Staat und Bürger geben kann, die einerseits mit der Figur des Vertrages nicht voll erfaßt werden, andererseits den beiden herkömmlichen Gebührenverhältnissen nur nahestehen, ohne mit ihnen übereinzustimmen. Wissenschaft und Praxis bedienen sich zur Bezeichnung dieser Zwischenform — genau wie die Initianten des Bundesberggesetzes — des Stichwortes der Konzessions- oder Verleihungsgebühr (auch Konzessions- oder Verleihungsabgabe)[172].

Die sehr naheliegende gebührenrechtliche Zuordnung soll hier aber letztlich offenbleiben[173]. Angemerkt werden mag nur, daß gegebenenfalls die *Höhe* der Förderabgabe dann keine gebührenrechtliche Sorge bereitet, wenn man als Maßstab mit der h. M. nicht das Kostendeckungs-, sondern das Äquivalenzprinzip in dem Sinne ansieht, daß es auf den Nutzen der „besonderen Leistung" des Staates für den Gebührenschuldner ankomme.

---

[172] Dazu bereits *Lorenz von Stein*, Lehrbuch der Finanzwissenschaft I, Die Finanzverfassung Europas, 5. Aufl. 1885, S. 302, der die „Concessionsgebühr" als Preis für die verliehene Ausschließlichkeit der Produktion des Konzessionärs bezeichnet. Vgl. ferner *E. R. Huber*, Wirtschaftsverwaltungsrecht I, 2. Aufl. 1953, S. 585 ff.; *Wolff / Bachof*, Verwaltungsrecht I, 9. Aufl. 1974, § 42 II a 2, S. 312; *Petersen*, Die gemeindlichen Konzessionsabgaben, Diss. Münster 1966, S. 3 ff.; *Zeiß*, Probleme der Konzessionsabgaben öffentlicher Unternehmen, in Friedrich / Kupsch (Hrsg.), Die Besteuerung öffentlicher Unternehmen, 1981, S. 281 ff. (Dort auch ausdrücklicher Hinweis auf den nicht-steuerlichen Charakter der Konzessionsabgaben); *F. Kirchhof*, Die Höhe der Gebühr. Grundlagen der Gebührenbemessung, 1981, S. 29 f. (dort Anm. 37 ausdrücklich Qualifizierung der Feldesabgabe nach § 30 BBergG als Verleihungsgebühr im Anschluß an die Begründung des Regierungsentwurfs; daß die *Förder*abgabe von Kirchhof nicht erwähnt wird, dürfte ein reines Versehen sein, das wohl auch auf den Umstand zurückzuführen ist, daß die von ihm angezogene Stelle in der Regierungsbegründung — BTDrucks. 8/1315, S. 95 — den Erläuterungen zur *Feldes*abgabe vorgeschaltet ist. Freilich bezieht sie sich auf beide Arten von Abgaben.).
Speziell zum heutigen bergrechtlichen Konzessionssystem *Schulte*, Die Bergbauberechtigungen nach dem Regierungsentwurf für ein Bundesberggesetz, ZfB 119 (1978), 414 (418 ff.); *Kühne*, Zulassung und Ausübung des Bergbaus bei Kollisionen mit anderen öffentlichen Interessen, ZfB 121 (1980), 58 (59 f.).
Für die Konzessionsabgaben nach altem Bergrecht vgl. z. B. *Bähr*, Berggesetz mit für die bayerische Rechtspraxis bedeutsamen Nebengesetzen, 1968, Anm. 3 b zu Art. bayBergG, S. 21 f.; *Miesbach / Engelhardt*, Bergrecht. Kommentar zu den Landesberggesetzen, 1962, Ergänzungsband 1969, Anm. 9 b, S. 29 f. zu Art. 2 bayBergG.

[173] Schwankend *Piens / Schulte / Graf Vitzthum*, Bundesberggesetz. Kommentar, 1983, Erl. 2 zu § 31, die am Gebührencharakter zweifeln, sich aber auch nicht für eine steuerliche oder sonstige abgabenrechtliche Qualifikation entscheiden.

Gerade der letzte Aspekt scheint aber auch deutlich zu machen, daß der Gesamtvorgang, um den es hier geht, mit der gebührenrechtlichen Qualifikation nicht voll erfaßt ist, weil die mit der Konzession verbundene Übertragung der Sachherrschaft über die Bodenschätze zu sehr in den Hintergrund tritt. Der Sache nach geht es eben doch um etwas, was einem Vertrag, sei es einem öffentlich-rechtlichen oder privat-rechtlichen Vertrag, insbesondere einem Kaufvertrag, sehr viel näher kommt als ein außervertragliches Gebührenverhältnis. Daß der „Kaufpreis" gesetzlich und durch Verordnung im voraus festgelegt ist, wäre nicht hinderlich; auch die Förderzinsen nach altem Recht lagen regelmäßig langfristig fest.

Letztlich aber darf, wie bereits angemerkt, für die Zwecke dieser Untersuchung die positive Qualifikation der Förderabgabe offenbleiben.

IV. Die Förderabgabe als Quasi-Steuer?

Denkbar ist nun, die Förderabgabe in den Finanzausgleich auch dann einzubeziehen, wenn er mit der oben vertretenen Ansicht als Steuerkraftausgleich aufgefaßt wird und die Förderabgabe keine Steuer ist. Denn es muß damit gerechnet werden, daß weiterhin eine gewisse Nähe der Förderabgabe zur Steuer ins Feld geführt wird. Nach den oben unter III. vorgestellten Überlegungen kann die Verwandtschaft zwischen der Abgabe und einer Steuer ohnehin allerdings allenfalls eine ganz entfernte sein, denn die „besondere Leistung" des Staates in Gestalt der Überlassung der Sachherrschaft am Öl bzw. Gas kann nun einmal nicht hinwegdiskutiert werden. Und wenn der Gegenleistungscharakter der Förderabgabe bestritten wird, dann doch nicht, weil das Entgelt zu hoch, sondern allenfalls, weil es zu niedrig bemessen ist.

1. Gebühren-Mehrwert als Steuer?

Auch wer die Förderabgabe nicht als Steuer betrachtet, könnte immerhin daran denken, einen Teilbetrag von ihr unter den Steuerbegriff fallen zu lassen oder aber, wenn er sich vor einer ziffernmäßigen Aufteilung des Gesamtbetrages scheut, die Abgabe insgesamt *wie* eine Steuer behandeln, d. h. auch in den Finanzausgleich als Steuerkraftausgleich einbeziehen.

a) Welchen Weg er auch immer beschreitet, er hätte zunächst die Frage zu beantworten, welche Abgabenhöhe für die nichtsteuerliche Qualifizierung der Förderabgabe unschädlich wäre, anders gesagt, ab welchem Betrag die Verwandtschaft der Förderabgabe zur Steuer insgesamt oder doch mit einem Teilbetrag evident wird. Derartige Überlegungen werden für denjenigen, der die Förderabgabe eher in die Nähe

IV. Die Förderabgabe als Quasi-Steuer?

eines quasi-vertraglich vereinbarten Entgelts rückt, ohnehin kaum durchführbar sein. Die Förderabgabe orientiert sich am Marktwert, unterschreitet ihn aber erheblich, so daß aus vertragsrechtlicher Sicht keinerlei Anlaß besteht anzunehmen, daß die Abgabe bei Überschreitung eines bestimmten Prozentsatzes ihren Rechtscharakter änderte.

Dagegen scheint im Bereich des Gebührenrechtes durchaus eine Tendenz vorhanden zu sein, eine Abgabe u. U. aufzuspalten und doppelt zu qualifizieren oder allein wegen ihrer Höhe insgesamt in die Nähe einer Steuer zu rücken. Man wird solchen Überlegungen nicht von vornherein vorwerfen können, daß sie Rechtsnatur und Rechtmäßigkeit einer Abgabe miteinander verwechselten. Gewiß laufen sie darauf hinaus, eine Gebühr, die ganz oder teilweise für rechtswidrig gehalten wird, zu einer Steuer umzustilisieren; ob die Abgabe dann als Steuer auch zulässig ist, entscheidet sich nach steuerrechtlichen Voraussetzungen. Es könnte also sein, daß die Abgabe weder als Gebühr noch als Steuer zulässig ist. Aber das ist nicht das Problem; entscheidend ist die Vorfrage, ob Gebühr und Steuer durch einander ausschließende Begriffsmerkmale geprägt sind, die ein Umschwenken von einer in die andere Kategorie nicht zulassen. Ein solches Merkmal ist die Verknüpfung der „besonderen Leistung" des Staates und der Geldzahlung als „Gegenleistung" des Privaten bei der Gebühr. Es ist schwer zu sehen, wie die Gebühr ihren Gegenleistungscharakter soll verlieren können, wenn sie eine bestimmte Höhe überschreitet. *Ganz* kann der Gegenleistungscharakter eigentlich nicht verloren gehen, gleichgültig, was die „besondere Leistung" des Staates wert ist. In jedem Fall wäre zu fragen, wo die maximale Höhe einer Gebühr, die ihren Namen verdient, liegt. Dabei würde wohl eine Entscheidung zwischen Kostendeckungsprinzip[174] und Äquivalenzprinzip[175] getroffen werden müssen, jedenfalls dann, wenn man anders als die Finanzwissenschaft[176] eine Abschöpfungsgebühr als fremdartig ansieht[177].

---

[174] Vgl. dazu *Wilke*, Gebührenrecht und Grundgesetz, 1973, S. 271 ff. mit umfasenden Nachweisen; aus späterer Zeit vgl. *Clausen*, Das gebührenrechtliche Kostendeckungsprinzip, 1978, insbes. S. 47 ff.; *F. Kirchhof*, Die Höhe der Gebühr, 1981, S. 93 ff.; *Nicolaysen*, Bewilligung und Förderabgabe nach dem Bundesberggesetz unter besonderer Berücksichtigung der Förderung von Erdöl und Erdgas, 1982, S. 45 ff.

[175] Vgl. dazu *Wilke*, a.a.O., S. 244 ff.; *F. Kirchhof*, a.a.O., S. 77 ff.; *Nicolaysen*, a.a.O., S. 47 ff.

[176] Vgl. *Hansmeyer / Fürst*, Die Gebühren. Zur Theorie eines Instrumentariums der Nachfragelenkung bei öffentlichen Leistungen, 1968, passim; *Bohley*, Gebühren und Beiträge. Ihre wirtschaftlichen Funktionen und ihr Platz im System der öffentlichen Einnahmen, 1977, S. 62 ff.; *dens.*, Gebühren und Beiträge, in: Neumark, Handbuch der Finanzwissenschaft II, 3. Aufl. 1980, S. 916 ff.

[177] Vgl. bes. klar in dieser Richtung *Kühne*, Die Förderabgabe im Schnittpunkt von Bergrecht und Finanzverfassungsrecht, DB 1982, 1693 (1696): Bis

b) Für die Zwecke dieser Untersuchung muß eine derartige Entscheidung jedoch nicht endgültig getroffen werden.

aa) Aus der Sicht des Kostendeckungsprinzipes stellt sich die Sache so dar:

Die Kosten der Verwaltungshandlung (Konzessionserteilung) können ohnehin außer Betracht bleiben, weil sie, wie dargestellt, gesondert abgegolten werden und die Förderabgabe insoweit überhaupt keine Gebühr ist.

Die „besondere Leistung" des Staates kann daher nur in der Verschaffung der wirtschaftsrelevanten Bergbauberechtigung und der damit verbundenen Hingabe der Bodenschätze gesehen werden. Dann aber ist klar, daß die „Kosten", die dem Staat entstehen, erheblich *über* der „Gegenleistung", also der Förderabgabe, liegen. Dies jedenfalls dann, wenn man, wie wohl unumgänglich, auf den Marktwert (für Erdöl) oder den konkret erzielten Preis (für Erdgas) abhebt, wie es das Bundesberggesetz tut.

Der Grundsatz der Kostendeckung wäre also durch die Förderabgabe, so gesehen, nicht verletzt, so daß von hier aus sich die Frage des begrifflichen Umschlages der Gebühr in eine Steuer oder die Deutung der Abgabe als Quasi-Steuer gar nicht stellt.

bb) Dasselbe gilt vom Boden des Äquivalenzprinzips aus. Weder aus der Sicht des konzessionierenden Staates noch aus der Sicht des Gebührenschuldners, des Konzessionärs, ist der Preis „ungebührlich" hoch. Marktwert und konkret erzielter Preis werden erheblich unterschritten, so daß das Äquivalenzprinzip eher eine beträchtliche Anhebung der Förderabgabe legitimieren als für die Steuerähnlichkeit der Abgabe sprechen würde[178].

---

zur Höhe von 22 % habe die Förderabgabe Gebührencharakter, darüber hinaus Steuercharakter mit der Folge, daß sie insoweit in den horizontalen Finanzausgleich einzubeziehen sei. 22 % waren vor dem BBergG bereits auf vertraglicher Grundlage geleistet worden, insoweit mochte von Leistung und Gegenleistung gesprochen werden. Was darüber hinaus nach § 32 II BBergG aus interventionistischen Gründen möglich sei, habe mit dem Austausch von Leistung und Gegenleistung nichts zu tun.

Ähnliche Unterscheidungen deuten sich bei *Selmer*, Schriftsatz vom 4. 12. 1982, S. 6 f., zur nicht öffentlichen Anhörung von Sachverständigen des Finanzausschusses des BT am 7. 12. 1982, Anlage zum Protokoll Nr. 44 a, an.

Diese auf den ersten Blick recht naheliegende Doppelqualifikation übersieht, daß mit dem Marktwert des Bodenschatzes (mag er auch unverdient, also ein „windfall-profit", sein) auch der Wert der Verleihung automatisch steigt, so daß das Austauschverhältnis (ohne Rücksicht auf die Abgaben-Motive) unangetastet bleibt.

[178] Die Überlegungen von *Nicolaysen*, Bewilligung und Förderabgabe nach dem Bundesberggesetz unter besonderer Berücksichtigung der Förderung von Erdöl und Erdgas, 1982, S. 48 ff., gehen denn auch in die Richtung, ob die Abschöpfung nicht noch intensiviert werden könne.

IV. Die Förderabgabe als Quasi-Steuer? 81

c) Insgesamt bietet daher die Höhe der Förderabgabe keinen Anlaß, die Abgabe ganz oder zum Teil als Quasi-Steuer zu behandeln und unmittelbar oder analog in den Finanzausgleich als Steuerkraftausgleich einzubeziehen.

2. Die „Fungibilität" der Einnahmen als steuertypisches Merkmal?

Das Problem der Einbeziehung der Förderabgabe in den Steuerkraftausgleich im Wege der Analogie ist damit aber offenbar noch nicht aus der Welt.

a) *Kisker* hat jüngst die Förderabgabe als zwar (kostendeckend und) äquivalent bezeichnet und demgemäß als Gebühr qualifiziert, zugleich aber angenommen, daß das Aufkommen, das über die Kostendeckung hinausgeht, „fungibel", die Förderabgabe insoweit „steuerähnlich" sei. Terminologisch soll dies durch den Ausdruck „Gebührensteuer" deutlich gemacht werden[179]. Es sei sinnvoll, Abgaben, die zu einem nicht fungiblen Aufkommen führten, aus dem horizontalen Finanzausgleich des Art. 107 II GG herauszuhalten[180], ebenso richtig aber sei es, die Förderabgabe, weil sie fungible Einnahmen erziele, einzubeziehen[181].

b) Diese Argumentation überzeugt nicht; dabei kommt es weniger auf die neuartige Terminologie an, die über die Sache selbst ohnehin nicht entscheiden könnte, als auf das sich hinter ihr verbergende Sachproblem.

aa) Vorweg und am Rande muß nochmals daran erinnert werden, daß die Kosten der eigentlichen Verwaltungshandlung (Erlaubnis, Bewilligung, Verleihung des Bergwerkeigentums) hier auch nicht ansatzweise ins Spiel gebracht werden können, weil sie durch Verwaltungsgebühren besonders abgegolten worden sind. *Wenn* die Förderabgabe eine „Gebührensteuer" ist, dann ist sie es insgesamt.

bb) Systemimmanent ist die Doppeldeutigkeit des Wortes „fungibel", so wie Kisker es verwendet, zu kritisieren. „Fungibel" seien Abgaben, „über deren Erlös verteilend disponiert werden kann. Abgaben, die einem bestimmten Zweck so eng verbunden sind, daß sie davon aus *rechtlichen* oder *betriebswirtschaftlichen* Gründen nicht abgelöst werden können, sind in diesem Sinne nicht fungibel"[182].

---
[179] Vgl. *Kisker*, Gutachten, S. 21 ff., 28.
[180] *Kisker*, a.a.O., S. 39.
[181] *Kisker*, a.a.O., S. 42.
[182] *Kisker*, a.a.O., S. 21. Hervorhebung durch die Verf.

Über alle Vorzugsabgaben, die sich am Kostendeckungsprinzip orientierten, sei betriebswirtschaftlich schon verfügt, „da das ‚Loch', welches durch die staatlichen Aufwendungen enstanden ist, gestopft werden muß"[183].

aaa) Ein Beispiel für eine Abgabe, die aus „rechtlichen" Gründen von ihrem Zweck nicht „abgelöst" werden kann, gibt Kisker also nicht. Er färbt zwar sein Beispiel von den Vorzugsabgaben, die am Kostendeckungsprinzip orientiert sind, auch normativ ein, wenn er davon spricht, daß das Loch „gestopft" werden *müsse*, aber das ist wohl, wie der Zusammenhang zeigt, eher im Sinne betriebswirtschaftlicher Notwendigkeiten gemeint. Entgegen der allgemeineren Definition („rechtliche" Gründe) denkt Kisker also offenbar nicht an die Zweckbindung (Affectation) im Sinne des Haushaltsrechts. Das haushaltsrechtliche Prinzip der Non-Affectation gilt ja nicht ausnahmslos, vgl. § 8 BHO/LHO, § 7 Haushaltsgrundsätzegesetz. Eine Zweckbindung kann durch Gesetz, auch für Steuern, vorgesehen werden; dies, obwohl Steuern der „Deckung des allgemeinen Finanzbedarfs" dienen. Der „allgemeine" Finanzbedarf wird eben auch dann befriedigt, wenn mit der betreffenden Abgabe „konkrete" Zwecke verfolgt werden — auch die konkret benannte Aufgabe kann eine allgemeine sein, ihre Finanzierung also dem allgemeinen Finanzbedarf dienen[184].

Daraus ergibt sich: Die „rechtliche" Zweckbindung der Einnahme kann nur das Haushaltsrecht meinen. Zweckgebunden in diesem Sinne können auch Steuern sein. Wenn man Kisker beim Wort nimmt, ist das Aufkommen derartiger Zwecksteuern im eigentlichen Sinne nicht „fungibel". Dann aber wäre die „Fungibilität" kein steuertypisches Merkmal, also auch kein Anlaß, eine Gebühr *wie* eine Steuer zu behandeln.

Andererseits dienen auch die Zwecksteuern, wie dargelegt, genau wie andere Steuern dem „allgemeinen Finanzbedarf". Wenn entgegen dem ersten Anschein Fungibilität auch für Kisker Disponibilität für den allgemeinen Finanzbedarf bedeuten sollte, wären auch Zwecksteuern in seinem Sinne fungibel. Dann aber wäre seine allgemeine Definition der Fungibilität, die auch die „rechtliche" Bindung umschließt, zu weit und wäre in der Tat das „betriebswirtschaftliche" Beispiel der einzige Anwendungsfall. Unter derartigen Ungewißheiten muß die Auseinandersetzung mit der Kisker'schen These natürlich leiden.

Wie auch immer Kisker verstanden sein will, eine solche „rechtliche" Affection der *Förderabgabe* liegt nicht vor.

---
[183] *Kisker*, a.a.O., S. 21.
[184] Vgl. eindeutig in diesem Sinne etwa BVerfGE 49, 343 (352 ff.); 55, 274 (309 ff.).

IV. Die Förderabgabe als Quasi-Steuer?

bbb) Was bleibt, ist also die „betriebswirtschaftliche" Zweckbindung. Sie läuft auf die Vorstellung eines Saldos hinaus: Überschießende Einnahmen sind „fungibel" und damit steuerähnlich. Einnahmen, die zu einer Vermehrung des Nettovermögens des Staates führen, also vermögenswirksam sind, sollen in den Finanzausgleich einbezogen werden. Sicher gehören zu derartigen Einnahmen auch die Steuern; aber diese Gemeinsamkeit, die ja sowohl dem Verfassungs- als auch dem Gesetzgeber stets geläufig gewesen ist, bewirkt allein noch nicht, daß auch die entsprechenden nicht-steuerlichen Einnahmen dem Finanzausgleich unterstellt werden. Es mag sinnvoll sein, in diesem Sinne fungible Einnahmen einzubeziehen und nicht-fungible Einnahmen nicht zu berücksichtigen, aber die Entscheidung darüber muß erst noch getroffen werden, und zwar durch den Verfassungsgeber selbst. Aus der geltenden Verfassung jedenfalls läßt sich ein derartiges Prinzip nicht entnehmen, nachdem Art. 107 GG nicht einmal sämtliche Steuern — und alle von ihnen sind ja fungibel im Kisker'schen Sinne — einbezogen hat.

ccc) Zu bedenken ist ferner, daß im Sinne Kiskers alle Gebühren, Beiträge und sonstigen Einnahmen „fungibel" sind, deren Aufkommen die ihnen zuzuordnenden Kosten übersteigt. Sie alle müßten — nach geltender oder nach künftiger Verfassung — in den Vergleich und Ausgleich einbezogen sein. Erst dann könnte davon die Rede sein, daß die „Fungibilität" dazu *zwingt*, die betreffende Einnahme in den Finanzausgleich einzubeziehen. Wer statt dessen unter den „fungiblen" Einnahmen selektiert, die einen herausläßt, die anderen hineinnimmt, zeigt, daß mit dem Wort der Fungibilität allenfalls eine *negative* Auslese getroffen wird: Nicht-fungible Einnahmen fallen in jedem Fall aus dem Finanzausgleich heraus. Damit ist positiv noch nicht entschieden, welche der fungiblen Einnahmen einzubeziehen sind.

Das in diesem Zusammenhang häufig benutzte Argument, einige dieser Einnahmen seien deswegen nicht berücksichtigt worden, weil sie „relativ gleichmäßig auf alle Länder" entfielen[185], überzeugt nicht. Z. B. nehmen die Länder, d. h. insbesondere ihre Gerichte, zum Kostendeckungs- und Äquivalenzgrundsatz u. U. ganz unterschiedliche Haltungen ein, so daß selbst bei vergleichbaren Zahlen und Kosten von Amtshandlungen, die etwa die Gebührenpflicht auslösen, durchaus unterschiedliche Einnahmen erzielt werden können. Es fehlt hier wie bei anderen Einnahmearten der Nachweis, daß per Saldo pro Land oder pro Kopf das Aufkommen vergleichbar ist[186].

---

[185] Vgl. die Antwort des Parlamentarischen Staatssekretärs Böhme auf die Fragen des Abgeordneten Dr. Spöri, BTPlPr 9/67, S. 3940.
[186] Unter diesen Umständen überrascht es nicht, daß *Kisker* neben der Fungibilität die „Vergleichbarkeit" und die „Ausgleichsrelevanz" des betreffenden Aufkommens als Hilfskriterien neben der Fungibilität heranzieht, um

84   B. Förderabgabe und horizontaler Finanzausgleich

cc) Auch in der Subsumtion vermögen wir Kisker nicht zu folgen. Er hält die Förderabgabe für fungibel in seinem Sinne, weil sie sich unstreitig nicht vom Kostendeckungsprinzip her rechtfertigen lasse[187].

Dieser recht knappen Zuordnung waren längere Ausführungen zum Kostendeckungs- und Äquivalenzprinzip vorangegangen, die deutlich machen sollten, daß sich die Abgabe im Rahmen zwar nicht des ersten, wohl aber des zweiten Grundsatzes halte[188].

Dabei fällt zweierlei auf: Einmal wird zwar im Rahmen des Äquivalenzprinzips der „Wert" der Leistung des Staates (Konzession) ausführlich und treffend analysiert, jedoch im Rahmen des Kostendeckungsprinzips, nachdem die Kosten für die Amtshandlung ausgeschieden sind, nicht eigentlich erläutert, worin die Kosten des Staates überhaupt bestanden haben sollen. Nachdem Kisker die Deutung ablehnt, der Staat übertrage mit der Konzession sein vermögenswertes Aneignungsrecht[189], würde auch eine Förderabgabe in Höhe von beispielsweise 0,5 % des Marktwertes dem Kostendeckungsprinzip widersprechen. Wir hätten es also mit einer Gebühr zu tun, die auch nicht teilweise durch Kosten legitimiert ist, obwohl sie auch nach Kisker die Gegenleistung für eine „besondere Leistung" des Staates darstellt. Die (vermeintlich) eigentumsrechtliche Dogmatik hat den Blick dafür verstellt, daß das öffentliche Vermögen durch die Hingabe von Bodenschätzen geschmälert wird.

Hinzu kommt ein Zweites: Die Behandlung des Kostendeckungsprinzips erscheint widerspruchsvoll. Im Rahmen des Gebührenrechtes, in dem es, wenn überhaupt, seinen angestammten Platz hat, drängt Kisker seine Bedeutung hinter der des Äquivalenzprinzips zurück. Er erweckt es erst dann zu neuem Leben, wenn es um die Gleichbehandlung von Gebühr und Steuer geht. Das Lebenselexier heißt Fungibilität. Kann ein und derselbe Rechtsgrundsatz, der für den Tatbestand (Begriff und Zulässigkeit der Gebühr) nicht erheblich ist, über die Rechtsfolgen (Einbeziehung in den Finanzausgleich) entscheiden? Führt die Fungibilität

---

über die Einbeziehung in den Finanzausgleich zu entscheiden. Vgl. *Kisker*, a.a.O., S. 40 ff. Mit der „Ausgleichsrelevanz" spricht er das soeben im Text angesprochene Argument an. Freilich überprüft auch er weder die Brutto- noch die Nettohöhe dieser Einnahmen.

[187] *Kisker*, a.a.O., S. 42.
[188] *Kisker*, a.a.O., S. 16 ff.
[189] *Kisker*, a.a.O., S. 19 f. Eine solche Sicht will er nur für das System des echten Staatsvorbehalts gelten lassen. Er übersieht dabei, daß dieses System erstens für die meisten der heute noch geltenden Bergbauberechtigungen das maßgebende war, daß also für die nach altem Recht begründeten Rechtspositionen durchaus „Kosten" in seinem Sinne entstanden sind, und weiter, daß sich *insoweit* das System nach dem Bundesberggesetz gerade nicht vom echten Staatsvorbehalt unterscheidet.

IV. Die Förderabgabe als Quasi-Steuer?

nicht doch das Kostendeckungsprinzip als Begriffsmerkmal der Gebühr wieder ein?

c) Neben Kisker greifen — in unserem Zusammenhang — auch andere auf „Fungibilität" zurück. Um die Diskussion von unnötigen terminologischen Belastungen freizumachen und auf den sachlichen Kern zurückzuführen, soll noch klargestellt werden:

aa) Fungibilität meint von Haus aus *allein* die Non-Affectation. D. h. die Zweckbindung einer Steuer, z. B. der Mineralölsteuer, soweit ihr Aufkommen nach dem Gesetz für den Straßenbau verwendet wird, ist eine Abweichung von der Fungibilität[190]. § 8 S. 1 BHO/LHO umschreibt mit anderen Worten die Fungibilität in diesem Sinne.

bb) Nun steht es jedem, auch Kisker, frei, das Wort anders zu verwenden, jedoch bewirkt seine Verwendung für sich allein nichts, sind auch Rechtssätze nicht aus ihm abzuleiten. Für Rechtssätze steht das Wort nur, soweit es im soeben beschriebenen angestammten Sinne verwendet wird.

Dieser Einwand gilt auch gegenüber *Kreft*, dem wohl vornehmlich die Ausweitung des Sprachgebrauchs zu danken ist.

aaa) Bereits 1968 bemühte sich Kreft darzulegen[191], daß Gebührensteuern und Steuern wesensgleich seien. Sie stimmten u. a. in der Fungibilität der Einnahmen überein. Dabei verstand Kreft Fungibilität zunächst (ohne näheren Beleg) zutreffend als Non-Affectation[192], freilich ohne diesen haushaltsrechtlichen Grundsatz direkt und ausdrücklich zu nennen. Sein erster Schritt ab vom Wege bestand nun darin, die Zwecksteuern, die gerade zu in diesem Sinne nicht fungiblen Einnahmen führen, aber dennoch „unbestreitbar" Steuern sind[193], aus seiner Betrachtung auszuklammern. *Wenn* die Zwecksteuer eine Steuer ist, kann die Fungibilität für den Steuerbegriff nicht entscheidend sein. Wenn die Fungibilität nicht über die Einbeziehung der Steuer in den Finanzausgleich entscheidet, weil Steuern offenbar ohne Rücksicht auf ihre Fungibilität in den Ausgleich einbezogen werden, kann sie auch nicht das Kriterium für die Berücksichtigung nicht-steuerlicher — wenn auch steuerähnlicher — Einnahmen beim Finanzausgleich sein.

Der zweite (immanente) Fehler Krefts liegt darin, daß er unverzüglich seine eigene definitorische Basis verläßt und bei der Beurteilung der Fungibilität nicht-steuerlicher Einnahmen auf den *Überschuß*, nicht

---

[190] Vgl. *Wolff / Bachof*, Verwaltungsrecht I, 9. Aufl., 1974, § 42 II a 2, S. 306.
[191] Die begriffliche Abgrenzung von Steuer und Gebühr, Diss. Göttingen, S. 197 ff.
[192] Vgl. *Kreft*, a.a.O., S. 197 ff.
[193] Vgl. *Kreft* selbst, a.a.O., S. 197 Anm. 1.

aber die Zweckbindung abstellt. Hieß es bei der Definition noch, daß Einnahmen der Staatsmonopole nur insoweit fungibel seien, als sie nicht zur Bestreitung des mit dem Betrieb des Monopols verbundenen Aufwandes verwendet werden müßten (?), so gibt er gleich im Anschluß daran diejenigen Einnahmen als nicht fungibel aus, die der „Eigenwirtschaft" des Monopols ‚dienen', d. h. aber nichts anderes als diejenigen Einnahmen, die sich im Rahmen der Kostendeckung halten" (!)[194]. Kostendeckung und Non-Affectation aber decken sich nicht. Kreft deklariert die Gebühren zu Steuern mit Hilfe eines unversehens unterschobenen zweiten Fungibilitätsbegriffs[195]!

Am Rande sei klargestellt, daß entgegen dem Eindruck, den Kreft zu vermitteln versucht, das BVerfG den Begriff der Fungibilität weder in dem einen noch in einem anderen Sinne benutzt. Wenn es in der von Kreft[196] herangezogenen Entscheidung BVerfGE 18, 315 (328) vom „allgemeinen Finanzbedarf" des Staates spricht, so grenzt es dort Steuern von solchen Einnahmen ab, die in einem Sonderfonds, also nicht in die Staatskasse fließen. Es geht weder um Non-Affectation noch um Überschüsse. Die spätere Rechtsprechung zur Abgrenzung des „allgemeinen Finanzbedarfs" zum „speziellen Finanzbedarf" im Gegensatz zum konkreten, aber dennoch allgemeinen Finanzbedarf bestätigt, daß das Bundesverfassungsgericht hier ganz andere Dinge im Auge hat[197].

bbb) Die Einwände gelten im gleichen Umfange für die 1977 von Kreft gemachten Ausführungen[198]. Als Fortschritt ist immerhin zu verzeichnen, daß nunmehr Non-Affectation und Fungibilität ausdrücklich auseinandergehalten werden[199], also klar wird, daß Kreft nicht mit dem traditionellen Fungibilitätsbegriff arbeitet. Zu Unrecht wird aber auch jetzt noch das BVerfG als Kronzeuge bemüht.

ccc) Beide Abhandlungen scheinen überdies Kostendeckungsprinzip und Fungibilität zirkelhaft miteinander zu verbinden: Fungibel sind Überschüsse, Überschüsse aber sind Steuern, *also* können Gebühren nur kostendeckend sein[200].

cc) Anders als Kreft will *Clausen*[201] die Höhe der Abgabe nicht über deren Rechtsnatur (Gebühr oder nicht?) entscheiden lassen, sondern nur über ihre Rechtmäßigkeit.

---
[194] *Kreft*, a.a.O., S. 199.
[195] So wie ihn auch *Kisker* (allerdings von vornherein) verwendet.
[196] a.a.O., S. 198 Anm. 1.
[197] Vgl. bereits dazu oben B III 1 a), S. 64 f.
[198] Neue Wege im Gebührenrecht? DVBl. 1977, 369 (372 f.).
[199] a.a.O., S. 373.
[200] Die begriffliche Abgrenzung, a.a.O., S. 207 f.; DVBl. 1977, 369 (373).
[201] Das gebührenrechtliche Deckungsprinzip, 1978, S. 164 ff.

IV. Die Förderabgabe als Quasi-Steuer? 87

aaa) Auch Clausen verwendet den Begriff der fungiblen Einnahmen unter Vernachlässigung des Non-Affectationsprinzips. Überschuß und freie Verwendbarkeit der Einnahmen erscheinen miteinander verknüpft[202].

bbb) Clausen hält diejenigen Gebühren für unzulässig, die allein aus fiskalischen Gründen auf Überschuß aus seien[203]. Die Länder könnten sich auf diese Weise über Art. 70 ff. GG Einnahmen verschaffen, die ihnen nach Art. 104 a ff. GG verwehrt wären.

Diese Bedenken treffen unser Thema jedenfalls nicht, da es hier um eine *bundes*gesetzliche Regelung geht[204].

ccc) Abgesehen davon hält Clausen solche fungiblen Gebühreneinnahmen (d. h. Gebührenüberschüsse), die Lenkungszwecken dienten, für verfassungsmäßig, sofern die Lenkung nicht mit Hilfe einer Steuer bewerkstelligt werden könnte[205]

Ein solcher Fall liegt vor, wenn der Staat eine Leistung erbracht hat, denn mit ihr kann er zwar eine Gebühr, nicht aber eine (ex definitione voraussetzungslos geschuldete) Steuer verknüpfen[206].

ddd) Derartige (zulässige) fungible Einnahmen will Clausen — ohne Begründung — im Rahmen der Art. 106 III, IV, 107 II GG berücksichtigt wissen[207].

eee) Soweit sich Clausens Ausführungen überhaupt auf die hier interessierende Fallgestaltung anwenden lassen, führen sie zu keinem anderen Ergebnis, als es bisher hier vertreten worden ist. Die Förderabgabe ist in seinem Sinne *nicht* fungibel.

3. Förderabgabe und Lenkungszweck

a) Schon während der Beratungen über das Bundesberggesetz ist das interventionistische Ziel der Förderabgabe immer deutlicher geworden[208]. Die schließliche Höhe der Abgabe war maßgeblich von der Überlegung bestimmt, daß es angebracht und legitim sei, die „windfall-pro-

---

[202] a.a.O., S. 165.
[203] a.a.O., S. 165, 169.
[204] Insofern würde auch *Leisner*, Verwaltungspreis — Verwaltungssteuer, Gedächtnisschrift für H. Peters, 1967, S. 730 (734), beruhigt sein können.
[205] a.a.O., S. 169—171.
[206] a.a.O., S. 171.
[207] a.a.O., S. 170, unter Verweis auf *Brodersen*, Nicht-fiskalische Abgaben — Zur Abgrenzung nicht-fiskalischer Abgaben von Steuern, in: Festschrift für Wacke, 1972, S. 103 (114). Brodersen stützt sich seinerseits auf *Maunz* (in Maunz / Dürig / Herzog / Scholz) und *Vogel / Kirchhof* (Bonner Kommentar). Soweit ersichtlich, wird *Clausen* im einschlägigen Schrifttum zum engeren Thema dieser Untersuchung nicht herangezogen.
[208] Vgl. dazu bereits oben A. II. 4., S. 23 ff.

fits" der Förderer in der Bundesrepublik jedenfalls teilweise abzuschöpfen[209].

In die gleiche Richtung deutet der Umstand, daß die Kriterien, die den Landesregierungen ein Abweichen vom Regelsatz für die Förderabgabe ermöglichen, im wesentlichen solche der Globalsteuerung sind.

b) Es ist nicht auszuschließen, daß diese Motive der Abgaberegelung den Einwand gegen die von uns vorgeschlagene verfassungsrechtliche Wertung auf den Plan rufen; sie zeigten, daß die Förderabgabe in Wahrheit eine (verkappte) Steuer sei, daß es jedenfalls der Sache nach gerechtfertigt sei, sie wie eine Steuer zu behandeln. Daraus könnten zwei Schlüsse gezogen werden:

— Die Förderabgabe ist eine (oder gilt als) Steuer und ist dementsprechend in den Finanzausgleich (Steuerkraftausgleich) einzubeziehen;

— die Förderabgabe ist zwar keine Steuer, aber wegen ihrer Lenkungsintensität verfassungswidrig, weil sie Gebühren nicht zusteht[210]. Nur die erstere Folge interessiert in unserem Zusammenhang.

c) Der Einwand vermag aber nicht durchzuschlagen.

aa) Daß Gebühren Lenkungsabsichten verfolgen dürfen, scheint mehrheitlich anerkannt zu sein[211].

---

[209] Zum Begriff und zur Erscheinung der windfall-profits vor allem in der Bundesrepublik vgl. *Ipsen*, Bundes-Ausgleichsabgaben zur Wirtschaftslenkung, DVBl. 1976, 653 (656 f.); *Schulte*, Das Bundesberggesetz, NJW 1981, 88 (91); *Leitzinger*, Zur Diskussion um die „Windfall-Profits", Oel 1981, 343; *Schmitt / Schürmann*, Grundsatzüberlegungen zur Abschöpfung von windfall-profits, Wirtschaftsdienst 1981, 378; *Jürgensen*, Mineralölmärkte ohne Gleichgewicht. Abhilfen und kein Ende? Hamburger Jb. für Wirtschafts- und Gesellschaftspolitik 23 (1978), 97 ff.; dens., Die Auswirkungen alternativer Abschöpfungen von „Windfall Profits" auf den Wettbewerb bei Mineralölfertigerzeugnissen und die Höhe der gewinnbaren Ressourcen, 1980, S. 571 ff.; *Garhammer*, Besteuerung der windfall-profits, ZfB 123 (1982), 207 ff.; *Meyer-Renschhausen*, Windfall-profits. Differentialrenten in der westdeutschen Erdöl- und Erdgasgewinnungsindustrie, Wirtschaftsdienst 1982, 248; *Nicolaysen*, Bewilligung und Förderabgabe nach dem Bundesberggesetz unter besonderer Berücksichtigung der Förderung von Erdöl und Erdgas, 1982, insbes. S. 37 ff. Ältere Daten bei: Monopolkommission, Hauptgutachten 1973/1975: Mehr Wettbewerb ist möglich, 1976, S. 306 ff., 312 ff., 330 ff.
Zur Einschätzung der Förderabgabe als Abschöpfungsinstrument durch die Bundesregierung vgl. die Dritte Fortschreibung des Energieprogramms der Bundesregierung, Unterrichtung des Bundestages vom 5. November 1981, BT-Drucks. 9/983, Tz. 98, S. 23.

[210] In diesem Sinne etwa *Leisner*, Verwaltungspreis — Verwaltungssteuer, Gedächtnisschrift für Peters, 1967, S. 730 ff.

[211] Vgl. *Kloepfer*, Die lenkende Gebühr, AöR 97 (1972), S. 232 ff.; *Wilke*, Gebührenrecht und Grundgesetz, 1973, S. 303 ff.; *Wendt*, Die Gebühr als Lenkungsmittel, 1975, passim, insbes. S. 65 ff.; *F. Kirchhof*, Die Höhe der Gebühr,

V. Finanzausgleich im weiteren Sinne und Förderabgabe

bb) Wie immer man die Förderabgabe *positiv* qualifiziert, auch als nicht-steuerliche Abgabe kann sie Lenkungszwecke verfolgen. Weder macht sie ihr Lenkungszweck zur Steuer, noch wird sie wegen ihres Lenkungszweckes als Nicht-Steuer legitim. Jedes andere Ergebnis wäre gerade auch aus der Sicht des Finanzausgleichs verwunderlich. Die Lenkungsfunktion allein — die ja auch den Steuern nicht allgemein zukommt — kann über die Einbeziehung der Abgabe in den Finanzausgleich nicht entscheiden.

cc) Das Lenkungsmotiv hat auch außerhalb des Gebührenrechts keinen Einfluß auf den Entgeltcharakter der Abgabe. Auch wenn es sich etwa um eine Art „Kaufpreis" handelte, verhielte es sich doch in jedem Falle hier so, daß der Preis (die Förderabgabe) *unter* dem Wert liegt, daß also die Lenkungsabsicht (Abschöpfung) nicht zu einer Störung oder gar Beseitigung des Synallagmas oder der Äquivalenz führt. Wie es läge, wenn die Lenkung zu einer übermäßigen Abschöpfung des Gewinnes oder des Wertes des geförderten Bodenschatzes führte, braucht deswegen in unserem Zusammenhang nicht erörtert zu werden.

d) Im konkreten Fall ändert daher die spezifische Motivation, die — neben anderen Überlegungen — hinter den bundesrechtlichen Regelungen steht, am bisherigen Ergebnis nichts.

V. Finanzausgleich im weiteren Sinne und Förderabgabe

Wenn man entgegen dem bisher Vorgeschlagenen in den Finanzausgleich auch nicht-steuerliche Einnahmen einbezieht in dem Sinne, daß Gegenstand der Umverteilung zwar nach wie vor unmittelbar nur die in Art. 107 I GG genannten Steuern bleiben, aber Verteilungsmaßstab auch sonstige Einnahmen eines Landes werden, so stellt sich die Frage nach der Einbeziehung der Förderabgabe in den Finanzausgleich erneut.

1981, S. 131 ff.; *Nicolaysen*, Bewilligung und Förderabgabe nach dem Bundesberggesetz unter besonderer Berücksichtigung der Förderung von Erdöl und Erdgas, 1982, S. 54 ff.
In der Finanzwissenschaft ist dies ohnehin nicht strittig. Vgl. dazu zuletzt m. w. Nachw. *Bohley*, Gebühren und Beiträge. Ihre wirtschaftspolitischen Funktionen und ihr Platz im System der öffentlichen Einnahmen, 1977, S. 137 ff. (freilich plädiert *Bohley*, S. 62 ff. ohnehin dafür, Gebühren und Beiträge dem Steuerbegriff zu unterstellen); *dens.*, Gebühren und Beiträge, in: Neumark (Hrsg.), Handbuch der Finanzwissenschaft II, 3. Aufl. 1980, S. 916 (insbes. S. 921, 932 f. — beide Male auch mit ausdrücklichem Bezug auf die Abschöpfung von Differenzialrenten [windfall profits]).

1. Einbeziehung der steuerähnlichen Einnahmen?

Soeben ist dargelegt worden, daß die Steuerähnlichkeit einer Abgabe — jedenfalls dann, wenn sie auf der Fungibilität beruht — nicht ohne Verfassungsänderung dazu führt, sie in den horizontalen Finanzausgleich als Steuerkraftausgleich einzubeziehen. Dasselbe gilt, wenn man den Finanzausgleich nicht auf einen Steuerkraftausgleich beschränkt. Denn nicht die enge Sicht des Ausgleichs war für dieses Ergebnis entscheidend, sondern die Leistungsfähigkeit des Kriteriums der Fungibilität.

Auch wer die Förderabgabe — entgegen dem obigen Ergebnis — als fungible Einnahme betrachten will, braucht daher zusätzliche Argumente, um sie bereits nach geltendem Verfassungsrecht berücksichtigen zu können.

2. Zunahme des Volumens der nicht-steuerlichen Einnahmen?

a) Denkbar ist, daß die Einbeziehung nicht-steuerlicher Einnahmen in den Finanzausgleich mit dem Argument befürwortet wird, daß ihr Gesamtvolumen im Verhältnis zu den steuerlichen Einnahmen zugenommen habe. Sie hätten bisher vom einfachen Gesetzgeber vernachlässigt werden können, weil sie eine relativ geringe Rolle spielten. Heute dagegen würden sie in erheblich größerem Umfange zur Finanzkraft der Länder beitragen.

Ein solches Argument würde auf einer falschen Prämisse bruhen. Die Relation zwischen Steueraufkommen und nicht-steuerlichen Einnahmen der Länder ist in den letzten Jahren fast unverändert geblieben[212]. Und

---

[212] Der *Anteil der Steuer an den Gesamteinnahmen* betrug beim Bund 1970 94,7 %, 1981, 92,5 %, bei den Ländern 1970 70,5 %. 1981 71,2 % (einschließlich Ergänzungszuweisungen). Die 28,8 % sonstiger Einnahmen 1981 bei den Ländern gliedern sich in Zahlungen des Bundes (16,1 %) und *sonstige Einnahmen* (12,7 %).
„Die letzteren Einnahmen bestehen hauptsächlich aus Einnahmen aus wirtschaftlicher Tätigkeit, also Anteilen aus Unternehmensgewinnen, Konzessionsabgaben, Mieten, Pachten, Gewinnablieferungen der staatlichen Lotterien u. ä. Darüber hinaus werden hier auch verbucht Zinseinnahmen, Gebühreneinnahmen, Zuweisungen von Verwaltungen und Zuweisungen von Dritten." *Tergan*, Die Entwicklung der Länderfinanzen 1970 bis 1981, in: Geske (Bearb.), Die Finanzbeziehungen zwischen Bund, Ländern und Gemeinden (hrsg. vom Bundesministerium der Finanzen), 1982, S. 385 (431 f.). Vgl. auch die entsprechenden Zahlen bei *Metz*, Die Entwicklung der öffentlichen Haushalte in der Bundesrepublik Deutschland seit 1970, ebenda, S. 122 (134 f.).
Absolut nahm der Umfang der sonstigen Einnahmen der Länder von 10,3 Mrd. DM 1970 auf 23,5 Mrd. DM 1981 zu. Der *Anteil* an den Gesamteinnahmen ist jedoch relativ *konstant* geblieben (Minimum: 12,3 % 1983, Maximum: 14,1 % 1976). Vgl. *Tergan*, a.a.O., S. 432.
Demgegenüber kann der Umstand, daß das Aufkommen aus der *Förderabgabe* für Niedersachsen absolut angestiegen ist und (wie zu erwarten) auch

selbst wenn sich die Größenordnung erheblich verschoben hätte, wäre nach der herrschenden Auffassung weitere Voraussetzung für die Einbeziehung in den Finanzausgleich, daß diese Verschiebung nicht in allen Ländern von vergleichbarer Intensität gewesen ist.

b) Es müßte also einmal der Gesamtumfang aller nicht-steuerlichen Einnahmen in allen Ländern so angestiegen sein, daß von ihm wesentliche Einflüsse auf die Finanzkraft ausgingen. Dabei wäre im Auge zu behalten, daß der Ausgleich nicht zu einer Nivellierung der Finanzkraft führen darf. Ein zu geringfügiges Gesamtaufkommen, auch wenn es unterschiedlich auf die einzelnen Länder verteilt ist, dürfte daher nicht berücksichtigt werden.

Zu dieser Relevanz des Gesamtvolumens müßte nun hinzutreten, daß das nicht-steuerliche Aufkommen einzelner Länder wesentlich größer ist als das anderer Länder und daß sich gleichzeitig die Relation zwischen diesem Aufkommen und den steuerlichen Einnahmen des Landes relevant verschoben haben. Sollte sich dagegen das Steueraufkommen in etwa gleichem Umfange vermehrt haben wie die nicht-steuerlichen Einnahmen, würde die Steuerkraft allein so wie bisher die Finanzkraft des Landes zureichend widerspiegeln, und es würde kein (sei es auch nur rechtspolitischer) Anlaß bestehen, sie nach geltendem Verfassungsrecht in den Finanzausgleich einzubeziehen.

Für die Zwecke dieser Untersuchung darf unterstellt werden, daß die bergrechtliche Förderabgabe in ihrem gegenwärtigen Umfang erstens dazu geführt hat, daß sich das Verhältnis des Steueraufkommens zu den nicht-steuerlichen Einnahmen in Niedersachsen zugunsten der letzteren beträchtlich verschoben hat und daß zweitens eine derartige Erscheinung — sei es auch aufgrund sonstiger nicht-steuerlicher Einnahmen — in anderen Ländern nicht zu beobachten ist. Wenn dies zutrifft, sind ausgleichs*fähige* Finanzmassen vorhanden. Ob sie auch ausgleichs*pflichtig* sind, beurteilt sich nach weiteren Kriterien.

3. Die Förderabgabe als vermögensunwirksame Einnahme

Die Einbeziehung in den Finanzausgleich setzt aber voraus, daß der relative und absolute Zuwachs an nicht-steuerlichen Einnahmen den *Netto*vermögensstatus des Landes Niedersachsen wirklich vermehrt hat. Wenn sich das Land gleichzeitig „entreichert" hat, um diese Einnahmen zu erzielen, liegt ein ausgleichsfähiger und -pflichtiger Vermögenszu-

---

relativ einen größeren Anteil an den laufenden Einnahmen (wenn man die Abgabe hierher rechnet; dazu noch im späteren Text unter VI.) ausmacht ($1/2$ % 1972, $6^{1}/_{2}$ % 1982 [geschätzt]) — zu den Zahlen *Wolf*, ebenda, S. 251 (285) —, nicht ins Gewicht fallen.

wachs nicht vor, sondern hat das Land lediglich seine Liquidität verbessert. Liquide Mittel werden, wenn überhaupt, im Rahmen des Finanzausgleichs aber nur dann umverteilt, wenn ihnen nicht entsprechende Vermögensverluste, mögen sie als haushaltsrechtliche Ausgaben erscheinen oder nicht, gegenüberstehen.

a) Diese „Saldo"-Überlegung war ja auch einer der Gründe, warum bislang *Gebühren* in den Finanzausgleich nicht einbezogen worden sind. Auch wenn sie in unterschiedlichem Umfange in den Ländern angefallen sein sollten, ist man doch ohne weiteres vom Kostendeckungsprinzip ausgegangen und hat unterstellt, daß sie *per Saldo* den Nettovermögensstatus des Landes nicht verbessern. An dieser Saldierung hat auch nicht die Überlegung gehindert, daß der Staat die „besondere Leistung", die die Gebühr auslöste, ohnehin vorhielt und ohne weitere Umstände zur Verfügung hatte. In diesem Sinne werden zu Recht z. B. die Kosten einer Amtshandlung ermittelt, obwohl das dafür zuständige Personal ohnehin bereitsteht und bezahlt werden muß. Das gleiche gilt von Sachgütern, die zur Verfügung gestellt werden. Es ist also durchaus möglich, den „Wert" der besonderen Leistung des Staates zu kapitalisieren und mit der Bruttoeinnahme zu verrechnen.

b) Ein erstes Argument gegen die Einbeziehung nicht-steuerlicher Einnahmen in den Finanzausgleich jedenfalls dann, wenn sie nicht per Saldo zu Überschüssen führen, ergibt sich daraus, daß sie vom Verfassungsgeber dem Grundsatz nach bereits berücksichtigt worden sind, und zwar bei der Ermittlung des *Steuerbedarfs*. Der Finanzverfassungsreform 1955 liegt die Überlegung zugrunde, daß die steuerlichen Einnahmen vertikal und horizontal nach Maßgabe des Steuerbedarfs des Bundes und der Länder zu verteilen und umzuverteilen sind. Steuerbedarf ist derjenige Restbedarf, der sich ergibt, nachdem ein Teil des Gesamtbedarfs durch nicht-steuerliche Einnahmen gedeckt ist[213].

Gegen die Einbeziehung der nicht-steuerlichen Nettoeinnahmen ohne Verfassungsänderung würde also von Haus aus die Überlegung sprechen, daß der Verfassungsgeber von einer bestimmten Durchschnittsgröße des *Steuer*bedarfs ausgegangen ist. Sollte sich diese Größe relevant verschoben haben, kann nicht der einfache, sondern nur der verfassungsändernde Gesetzgeber für Korrekturen sorgen.

c) Die bergrechtliche Förderabgabe wäre jedoch auch für eine derartige Korrektur kein legitimer Anlaß. Sie führt, genauer besehen, zu vermögensunwirksamen Einnahmen, d. h. der Nettovermögensstatus des Staates verändert sich nicht zu seinen Gunsten. Allenfalls kann von

---

[213] Vgl. Regierungsbegründung, BTDrucks. II/480, S. 54 ff., Tz. 69 ff.

V. Finanzausgleich im weiteren Sinne und Förderabgabe 93

einer Verschlechterung gesprochen werden, weil die Abgabe nicht den Wert der gewonnenen Bodenschätze widerspiegelt. Was die Abgabe bewirkt, ist allein, daß sich die Liquidität verbessert, ähnlich wie bei einer Kreditaufnahme, bei der ebenfalls von einer echten Vermögensverbesserung nicht gesprochen werden kann.

d) Diese an sich selbstverständliche Anwendung der Saldo-Vorstellung des Gebühren- und Finanzausgleichsrechts auf die bergrechtliche Förderabgabe zugunsten Niedersachsens setzt aber ein weiteres voraus. Ein ausgleichsfähiger Saldo zugunsten des Landes würde nämlich dann nicht vorliegen, wenn der Wert, den das Land als „besondere Leistung", die zur Gegenleistung der Förderabgabe geführt hat, hingegeben hat, nicht ihm, sondern dem Bunde oder etwa der Gesamtheit der Länder zustehen würde. Niedersachsen hätte in diesem Fall gewissermaßen treuhänderisch für den eigentlichen Herrn über den Bodenschatz gehandelt.

In diesem Fall liegt es nahe, daß das Land, das als Treuhänder fungiert, die Einnahme der Gesamtheit jedenfalls zum Teil und in der Form wieder zuleitet, daß sie, auch wenn sie nicht voll in die Verteilung eingebracht wird, rechnerisch bei ihr berücksichtigt wird.

Der Gedanke ist zwar in dieser Form offenbar noch nicht vorgetragen worden, liegt aber doch nicht so fern, daß er hier nicht vorsorglich erörtert werden müßte. Es muß also gefragt werden, wem die Bodenschätze „gehören".

aa) Das ist freilich nicht so zu verstehen, daß danach gefragt werden müßte, ob die Bodenschätze im zivilrechtlichen Eigentum stehen und ggf. wem sie in diesem Sinne „gehören". Bereits die Darstellung der bergrechtlichen Ausgangslage hat ergeben, daß hier nicht grundeigene Bodenschätze inmitten stehen, sondern bergfreie[214].

Zugleich hat sich dort auch gezeigt, daß das Bergrecht von der grundsätzlichen Verfügungsbefugnis des Landes ausgeht, in dem die Bodenschätze belegen sind. Diese Verfügungsbefugnis äußert sich in der Macht, Erlaubnisse bzw. Bewilligungen auszusprechen. Sie stellt sich zugleich als wirtschaftlich relevante Rechtsposition dar, wie schon daraus erhellt, daß Feldes- und Förderabgaben an das Land zu entrichten sind, in dem das Erlaubnis- bzw. Bewilligungsfeld liegt. Dementsprechend kennzeichnet auch die Regierungsbegründung den seit Einführung des Staatsvorbehalts geltenden, insofern unveränderten Rechtszustand dahin, daß für die Einräumung des Rechts auf Aufsuchung und Gewinnung von Bodenschätzen eine „Gegenleistung" gefordert wird, die für den jeweiligen Landeshaushalt von Gewicht ist[215].

---
[214] Vgl. oben A II 1.
[215] Näher oben A II 1 e.

Wenn daher auch nicht von einer direkten zivilrechtlichen Eigentumsposition des Landes ausgegangen werden kann, so doch von einer eigentumsnahen Verfügungsmacht in dem bezeichneten Umfang, die sich zugleich als wirtschafts-relevante Rechtsposition darstellt (und daher, von den Fragen der Grundrechtsträgerschaft juristischer Personen des öffentlichen Rechts abgesehen, ihrerseits dem verfassungsrechtlichen Eigentumsbegriff zugeordnet werden müßte). Jedenfalls steht diese wirtschaftlich relevante Position, die einer direkten zivilrechtlichen Eigentümerposition nahekommt, ausschließlich dem Lande zu, in dem die Bodenschätze belegen sind, nicht etwa dem Bunde oder der Gesamtheit der Länder. Sie rechnet daher — untechnisch gesprochen — zum „Reichtum" des Landes und entspricht in diesem Sinne einer „Sachherrschaft" über die Bodenschätze. Diese sind gewissermaßen in der Hand des Landes geborgen, ohne daß das Land etwa nur Treuhänder für die anderen Länder oder für den Bund wäre.

Wie intensiv sich diese Rechtsposition einer direkten zivilrechtlichen Eigentümerposition annähert, belegt die bergrechtliche Ausgestaltung: Nur das Land, in dem die Bodenschätze belegen sind, entscheidet über die Vergabe von Bergbauberechtigungen, vgl. § 142 BBergG, und die Abgaben werden an das betreffende Land entrichtet, §§ 30 II, 31 III BBergG. Auch die Abgabe, die aus Tätigkeiten im Bereich des Festlandsockels zufließt, wird, jedenfalls vorläufig, nicht an den Bund, sondern an das jeweilige Land entrichtet, dem nach dem Äquidistanzprinzip der betreffende Teil des Festlandsockels zugeordnet wird, § 137 I, II BBergG. Die Gläubigerposition des jeweiligen Landes stand während des Gesetzgebungsverfahrens nie zur Debatte. Sie war zunächst nur hinsichtlich der Bodenschätze im Festlandsockel gefährdet, aber auch dort setzte sich die Auffassung der Länder schließlich durch[216].

Niemals aber war im Streit, daß die Förderung im eigentlichen Binnenland unter der Herrschaft des betreffenden Bundeslandes stehen sollte. Wenn im Zusammenhang mit der Förderabgabe um Zuständigkeiten gestritten wurde, dann nur insoweit, als es um die Ermächtigung ging, vom Regelsatz der Abgabe nach oben oder unten abzuweichen; daß die Abgabe, wie hoch auch immer sie sei, an das betreffende Land zu entrichten war, stand indiskutabel fest.

---

[216] Vgl. die Zusammenstellung der einschlägigen Materialien bei *Zydek*, Bundesberggesetz (BBergG) mit amtlicher Begründung und anderen Materialien, 1980, S. 521—524. Zu Fragen der Konzessionierung auf der Grundlage des Gesetzes über die vorläufige Regelung der Rechte am Festlandssockel vgl. *Ipsen*, Rechtsstaatliche Erdölkonzessionierung, in: Gedächtnisschrift für H. Peters, 1967, S. 686 ff.; *Wilke*, Rechtsstaatliche Erdölkonzessionierung, ZfB 111 (1970), 193 ff.; *Reimnitz*, Rechtlicher Inhalt und Bedeutung der Regelung des Berechtsamswesens, a.a.O., S. 88 ff.

V. Finanzausgleich im weiteren Sinne und Förderabgabe

Das Konzept des Bundesberggesetzes ist also eindeutig. Die Bodenschätze „gehören" dem betreffenden Land im Sinne der bezeichneten sachwertbezogenen Verfügungsbefugnis, nicht dem Bunde oder der Gesamtheit der Länder.

Dies allein kann in unserem Zusammenhange (Vermögensunwirksamkeit der Förderabgabe) relevant sein, nicht aber die Frage, ob eine direkte zivilrechtliche Eigentumsposition vorliegt. Selbst wenn man zu Unrecht Gewicht darauf legen wollte, daß dem Lande eine solche Eigentumsposition in bezug auf die Bodenschätze nicht zusteht, so wäre im übrigen für die Gegenansicht damit wenig gewonnen; denn dies hieße natürlich nicht, daß nun statt des Förderlandes die Gesamtheit der Länder eine derartige Eigentümerposition für sich beanspruchen dürfte.

bb) Dieses beschriebene und wohl unstreitige Konzept des geltenden Bergrechts wird durchbrochen, wenn die Förderabgabe in den horizontalen Finanzausgleich einbezogen wird.

aaa) Der Systembruch durch den Finanzausgleichsgesetzgeber könnte insbesondere nicht mit dem Hinweis darauf gerechtfertigt werden, daß es dem späteren Bundesgesetzgeber freistehe, von der Konzeption eines älteren Bundesgesetzes abzugehen. Wie weit die Freiheit des späteren Gesetzgebers insofern geht und eine eventuelle „Selbstbindung" reichen könnte, soll hier nicht allgemein erörtert werden. Zweifelsfrei ergibt sich jedenfalls aus dem Bundesberggesetz, daß die Bodenschätze dem Land in der dargelegten Weise rechtlich zuzuordnen sind mit der Folge, daß die Förderabgabe eine Gegenleistung an das leistende Land ist, die es behalten und beanspruchen kann, da das „Geschäft" seinen Nettovermögensstatus nicht verbessert, nur seine Liquidität vermehrt hat.

bbb) Das Finanzausgleichsgesetz in der Fassung des Haushaltsbegleitgesetzes 1983 *will* wohl auch gar nicht so weit gehen, diese bergrechtliche Konzeption zu durchbrechen. Näher liegt die Annahme, daß der Systembruch gar nicht bemerkt worden ist, da das Augenmerk allein auf die Bruttoeinnahme der Förderabgabe, nicht aber zugleich auf die Entreicherung des *Landes* durch die Hingabe der Bodenschätze gerichtet war.

Aber auch wenn der Vorsatz fehlt, ist der Bruch zwischen Bergrecht und Finanzausgleichsrecht da und finanziell wirksam. Soll er zugunsten des Landes gekittet werden, bedarf es, da der einfache Gesetzgeber von sich aus kaum reagieren wird, zusätzlicher verfassungsrechtlicher Vorstellungen.

cc) Ein gewisser Anhalt ergibt sich bereits aus der Funktion des horizontalen Finanzausgleichs nach Art. 107 II 1, 2 GG. Diese Bestimmungen setzen die *Zuordnung* der relevanten Einnahmen voraus. Wem die *Steuer*erträge zukommen, ergibt sich aus Art. 106 und Art. 107 I GG; über die Zuordnung nicht-steuerlicher Einnahmen entscheiden Regelungen aufgrund der Art. 70 ff. GG. An diesen Zuteilungen will Art. 107 II GG nichts ändern, von ihnen geht er vielmehr aus.

Nun bedeutet jede Umverteilung einer anderweitig zugeordneten Einnahme im Ergebnis, daß die ursprüngliche Zuordnung im Umfang der Umverteilung wieder revidiert wird. So gesehen, würde das soeben vorgetragene Argument jede Art horizontalen Finanzausgleiches lahmlegen. Das wäre ein Mißverständnis. Beanstandet wird nicht, daß der horizontale Finanzausgleich (notwendigerweise) die Zuordnung von Nettoeinnahmen revidiert, sondern daß in unserem Falle mit Mitteln des Finanzausgleichs eine Nettoeinnahme „konstruiert" wird, die in Wirklichkeit nicht vorhanden ist. In Wirklichkeit wird nicht nur in die Liquidität eingegriffen, wie dies typisch (und u. U. legitim) für den horizontalen Finanzausgleich ist, sondern in das Ausgangsvermögen des Landes. Damit würde der Finanzausgleich zu einer Korrektur des vorgegebenen Reichtums eines Landes, der sich nicht aus „laufenden Einnahmen" ergibt, führen. Das aber ist nicht das Ziel und die Funktion des Art. 107 II GG[217].

dd) Hinzukommt, daß die Sachherrschaft der Länder über „ihre" Bodenschätze positiv von der Verfassung abgesichert sein dürfte, also nicht nur, wie soeben dargelegt, negativ vom Finanzausgleich ausgespart wird. Die bergrechtliche Kompetenz des Bundes, den „Bergbau" als einen Teil des Rechtes der Wirtschaft, Art. 74 Nr. 11 GG, zu regeln, umfaßt nicht die Befugnis, die vom Grundgesetz vorgefundene und nicht beanstandete Monopolstellung der Länder bezüglich der in ihrem Gebiet belegenen Bodenschätze ohne weiteres, insbesondere entschädigungslos, zu beseitigen.

Diese Monopolstellung, die zur Zeit des Bergregals noch dem Landesherrn ad personam zustand, ist unbestritten auf die Länder übergegangen. Angesichts einer ununterbrochenen, langandauernden Rechtstradition ist es fraglich, ob Art. 74 Nr. 11 GG dem Bund überhaupt die Kompetenz verschaffen *will*, mit dieser Tradition zu brechen[218].

---

[217] Es bedarf unter diesen Umständen nicht des Rückgriffs auf die ebenfalls naheliegende Vorstellung, daß ein derartiger Finanzausgleich auch nicht „angemessen" sein kann. Die „Angemessenheit" des Ausgleichs i. S. des Art. 107 II GG betrifft ja nicht nur die Frage, wieweit die Nivellierung der laufenden Einnahmen gehen muß oder darf, sondern könnte durchaus auch über die Frage entscheiden, *was* überhaupt in den Ausgleich einbezogen werden darf.

[218] Soweit ersichtlich, befaßt sich das bergrechtliche Schrifttum, wenn es Kompetenzfragen erörtert, mit diesem Spezialproblem nicht. Vgl. zum BBergG etwa *Börner*, Abwägungsdefizit beim Gesetzgebungsverfahren, 1978,

Selbst wenn man aber dazu neigen würde, auch derartige Regelungen *thematisch* durch Art. 74 Nr. 11 GG gedeckt zu sehen, könnten sie wohl nicht ohne entsprechende Entschädigungsleistungen an die Länder als die eigentlichen Sachherren der Bodenschätze getroffen werden[219].

e) Aus allen diesen Gründen kann die Zuordnung der Bodenschätze zum jeweiligen Land, in dem sie belegen sind, durch einfaches Gesetz, hier: das Finanzausgleichsgesetz in der Fassung des Haushaltsbegleitgesetzes 1983, nicht wirksam verändert werden. Art. 107 II GG will etwas Derartiges nicht, und Art. 74 Nr. 11 (Bergbau) GG duldet es nicht. Die Einbeziehung der Förderabgabe in den horizontalen Finanzausgleich läuft aber auf eine derartige unzulässige Entziehung der Bodenschätze hinaus, weil sie das Aufkommen aus der Förderabgabe wie Nettoeinnahmen in den Finanzausgleich einbezieht. Da sich in Wahrheit der Nettovermögensstatus des Landes, hier: Niedersachsens, nicht verbessert, darf die Förderabgabe in den horizontalen Finanzausgleich nicht einbezogen werden.

VI. Die Erschöpfbarkeit der Bodenschätze

Die Untersuchung wendet sich nunmehr einem weiteren besonderen Aspekt zu, mit dem die Förderabgabe verbunden ist; er hat bisher keinerlei juristische Aufmerksamkeit auf sich gelenkt, obwohl er in der Lage ist, selbständig das bisher gewonnene Ergebnis zu tragen. Es geht um die Besonderheit, daß das Aufkommen der Förderabgabe aus erschöpfbaren Ressourcen stammt. Das Land Niedersachsen hat diese Besonderheit mit dem Wort „*Substanzverzehr*" anschaulich umschrieben. Die juristische Diskussion scheint es bisher vermieden zu haben, auf die damit verbundenen verfassungsrechtlichen Aspekte einzugehen. Weder im Zusammenhang mit unserem Thema noch bei der Abgrenzung von ausgleichspflichtigen Einnahmen allgemein scheint bisher die Frage der Erschöpfbarkeit oder Regenerierbarkeit der Aufkommens-Quelle eine Rolle gespielt zu haben[220].

---

21 (mit grundsätzlicher Kritik an der Bundesvereinheitlichung trotz befriedigenden Zustandes nach Landesrecht, einer Kritik, die offenbar auf Art. 72 GG hindeutet); zur Reichweite des *Art. 74 Nr. 11 GG* (Bergbau) *Boldt*, Zum Problem der Vereinheitlichung des deutschen Bergrechts, ZfB 95 (1954), 89 ff.; *von Mangoldt / Klein*, GG-Kommentar, 2. Aufl. 1964, Anm. XX 2 a (S. 1586) zu Art. 74; *Maunz*, in: Maunz / Dürig / Herzog / Scholz, GG-Kommentar (1977), Rdnr. 63 zu Art. 74; *von Münch*, in: von Münch (Hrsg.), GG-Kommentar, Bd. 3, 2. Aufl. 1983, Rdnr. 42 zu Art. 74.

[219] Dazu *Turner*, Das bergbauliche Berechtsamswesen, 1966, S. 92 ff., 200 ff.

[220] Dagegen haben die Wirtschaftswissenschaften sich mit den mit der Erschöpfbarkeit verbundenen Problemen bereits auseinandergesetzt, allerdings naturgemäß in etwas anderer Richtung, als sie hier von Interesse ist. Schwerpunkte der wirtschaftswissenschaftlichen Untersuchung sind (1) die Kriterien

B. Förderabgabe und horizontaler Finanzausgleich

1. *Auswirkungen auf Art. 107 II 1, 2 GG*

a) Das Argument der „Substanzverzehr" birgt zwei Komponenten in sich: Erstens weist es zutreffend auf die Sachleistung des Staates hin, der sich der Verfügungsgewalt über die Bodenschätze begibt. Dieser Aspekt hat dazu geführt, die Förderabgabe als Gegenleistung für eine „besondere Leistung" des Staates, hier: Niedersachsens, anzusehen. Zweitens macht das Wort sachgemäß darauf aufmerksam, daß die „besondere Leistung" des Staates in diesem Fall an die „Substanz" geht, die nicht regenerierbar ist. Auch die Erdöl- und Erdgasvorkommen sind begrenzt und werden sich bei gegebener Förderintensität in absehbarer Zeit, die vorausberechenbar ist, erschöpfen.

b) Diese tatsächlichen Umstände werden kaum bestritten werden; ihre juristische Relevanz scheint bisher allerdings nicht erkannt worden zu sein. Sie sprechen nachdrücklich gegen eine Einbeziehung des Förderaufkommens in den horizontalen Finanzausgleich: Durch die Einbeziehung der Förderabgabe wird das Gläubigerland zu einer *Vorleistung* gegenüber den übrigen am Finanzausgleich beteiligten Ländern gezwungen. Es bringt mittelbar eine erschöpfbare Ressource in den Ausgleich ein, ohne eine Garantie zu haben, daß es nach der Erschöpfung der Vorkommen, d. h. bei entsprechendem Absinken seiner Finanzkraft i. w. S., nach den heute geltenden Maßstäben seinerseits am Finanzausgleich als Empfängerland beteiligt sein wird. Solange die gegenwärtige Intensität des Finanzausgleichs nicht auf Dauer festgeschrieben, sondern jederzeit änderbar ist, geht das Land das Risiko ein, nach der Veräußerung seiner Bodenschätze arm, aber nicht (hinreichend) ausgleichsberechtigt zu sein. Dieses Risiko wirkt sich in jedem Falle nachteilig aus. Entweder könnte das Land versuchen, seine Ressourcen zu strecken, d. h. den Abbau und damit das Förderaufkommen zu drosseln; dies würde es ungeachtet aller drängenden Probleme zwingen, auf eine Verbesserung seiner Liquidität zu verzichten. Die Alternative, den zügigen Abbau zu gestatten, ist nicht weniger risikoreich, weil das augenblickliche Aufkommen für die Sanierung des Landes nicht voll zur Verfügung steht und nicht voraussehbar ist, welche Gestalt der Finanzausgleich nach der Erschöpfung der Bodenschätze haben wird.

Dieses Risiko einem Land aufzubürden, ist nicht die legitime Aufgabe des horizontalen Finanzausgleichs. Es trifft auch nicht etwa alle Länder

---

einer Knappheitssituation, (2) die gerechte Verteilung der Nutzung erschöpfbarer Ressourcen zwischen den Generationen, (3) wirtschaftspolitische Folgerungen, insbesondere im Hinblick auf die Abschöpfung von Gewinnen, speziell auf die Besteuerung. Vgl. vor allem *H. Siebert* (Hrsg.), Erschöpfbare Ressourcen, Verhandlungen auf der Arbeitstagung des Vereins für Socialpolitik — Gesellschaft für Wirtschafts- und Sozialwissenschaften — in Mannheim 1979, 1980.

im gleichen Maße. Natürlich ist angesichts der Möglichkeit von Verfassungsänderungen und der (behaupteten) Elastizität des einfachgesetzlichen Finanzausgleichs für kein Land zu prognostizieren, welches seine Position im Ausgleichssystem in einigen Jahren sein wird. Aber dies ist nicht das spezifische Risiko der Förderländer, die, wenn man das Förderaufkommen in den Ausgleich einbezieht, gezwungen sind, nicht regenerierbare Leistungen einzubringen. Soweit die Länder Steuereinnahmen oder sonstige Einnahmen aufgrund regenierbarer Leistungen in den Finanzausgleich einbringen, werden sie dadurch nicht ärmer; ihre „Substanz", worin immer sie besteht, bleibt unangetastet. Diese *Substanzneutralität* hat der horizontale Finanzausgleich auch dann zu wahren, wenn die Einnahmen aus Substanzverlust besonders hoch und nicht gleichmäßig verteilt sind. Ausschlaggebend sind in diesem Fall nicht die Höhe des Aufkommens und die Zahl der Gläubigerländer, weil dem ein ebenso intensiver Substanzverlust gegenübersteht.

Die Erschöpfbarkeit der Ressource Erdöl/Erdgas schließt deswegen nach alledem eine Einbeziehung der Förderabgabe in den horizontalen Finanzausgleich aus.

2. *Auswirkungen auf Art. 106 GG*

Die Erschöpfbarkeit der Bodenschätze und die damit verbundene Vorläufigkeit des Aufkommens aus der Förderabgabe dürften aber auch nicht ohne Rückwirkungen auf das Verständnis des Art. 106 GG, insbesondere des Begriffs der „laufenden Einnahmen" i. S. d. Abs. 3 S. 4 Nr. 1, bleiben.

a) Der Begriff der „laufenden Einnahmen" hat im Zuge der Finanzreform 1969 kommentarlos den früheren Ausdruck der „ordentlichen Einnahmen" ersetzt. So sicher es ist, daß die Abschaffung des alten Wortes mit der Änderung des Haushaltsrechts zu tun hatte, das die Unterscheidung zwischen ordentlichen und außerordentlichen Einnahmen aufgab, so wenig wurde von den Autoren der Finanzreform erläutert, ob das neue Wort über eine bloße Anpassung an die neue haushaltsrechtliche Terminologie hinausging und etwas sachlich Neues bedeutete.

Ein mittelbarer Hinweis ergibt sich aus der von der Regierungsbegründung seinerzeit herangezogenen Übersicht über die Einnahmen und Ausgaben der Gemeinden[221]. Die Tabelle unterscheidet zwischen „laufenden Einnahmen" und „Einnahmen der Vermögensrechnung". Dies deutet ebenso wie eine beiläufige Bemerkung im Text der Regierungsbegründung[222] darauf hin, daß der Verfassungsgeber einen Terminus der volkswirtschaftlichen Gesamtrechnung übernehmen wollte.

---
[221] BTDrucks. V/2861, Übersicht 6, S. 68.
[222] BTDrucks. V/2861, Tz. 327.

B. Förderabgabe und horizontaler Finanzausgleich

Demgegenüber plädiert *Maunz*, der der Entstehungsgeschichte keinerlei Hinweise auf den Willen des Verfassungsgebers entnehmen möchte, für einen von der Finanzwissenschaft losgelösten Begriff der „laufenden Einnahmen" und sieht das entscheidende Kriterium darin, daß es sich um dauerhafte, nicht kurzfristige Einnahmen handeln müsse, weil andernfalls das Beteiligungsverhältnis von Bund und Ländern an der Umsatzsteuer immer wieder neu geordnet werden müßte[223].

b) Nach beiden Deutungen würde die bergrechtliche Förderabgabe wohl aus dem Begriff der „laufenden Einnahmen" herausfallen. Eindeutig wäre sie den „Einnahmen der Vermögensrechnung" zuzurechnen. Nicht auszuschließen ist, daß sie auch die Maunz'schen Anforderungen an die Dauerhaftigkeit der Einnahme nicht zu erfüllen vermag. Die Erschöpfbarkeit der Bodenschätze könnte das Abgabeaufkommen als „kurzfristig" im Sinne von Maunz erscheinen lassen.

Daraus wären Konsequenzen nicht nur für die den vertikalen Finanzausgleich im Rahmen des Art. 106 GG, sondern auch im Rahmen des horizontalen Ausgleichs, Art. 107 II 1, 2 GG zu ziehen. Die bereits im Rahmen des vertikalen Finanzausgleichs nicht zu berücksichtigende Einnahme kann nicht nachträglich in den horizontalen Ausgleich einbezogen werden, weil die Ausgangskriterien für die Verteilung hier wie dort dieselben sind.

VII. Heilung durch Kompromiß?

Zu prüfen bleibt, ob sich an dem bisherigen Ergebnis deswegen etwas ändert, weil die Mehrheit der Länder — und insbesondere Niedersachsen — im Bundesrat dem Gesetz schließlich zugestimmt hat. Die politische Diskussion hat in diesem Zusammenhang häufiger auf den Kompromißcharakter gesetzlicher Finanzausgleichsregelungen hingewiesen.

1. Der Einfluß der Zustimmung einzelner Bundesratsmitglieder auf die Verfassungsmäßigkeit von Gesetzen

a) Mit der Zustimmung der erforderlichen Mehrheit der Bundesratsmitglieder kommt das Gesetz, dem zugestimmt wird, zustande, ohne die Zustimmung nicht. Motive der Zustimmung oder ihrer Versagung interessieren nicht.

Das Zustandekommen des Gesetzes sagt allein nichts über seine Verfassungsmäßigkeit. Relevante Normen können im Verfahren (beim Zu-

---

[223] *Maunz*, in: Maunz / Dürig / Herzog / Scholz, Rdnr. 44 ff. zu Art. 106 GG.

standekommen), aber auch inhaltlich unterlaufen sein. Die Zustimmung des Bundesrats ist für die Verfassungsmäßigkeit des Gesetzes eine von vielen Voraussetzungen. Alle anderen Wirksamkeitsvoraussetzungen sind unabhängig von ihr zu prüfen. Die Erfüllung *eines* verfassungsrechtlichen Erfordernisses ersetzt nicht die Erfüllung aller anderen.

b) Materiellrechtliche Verfassungswidrigkeiten werden also durch die gehörige Zustimmung nicht geheilt. Das gilt grundsätzlich auch im Bereich der Finanzverfassung, u. zw. auch, soweit sie von vornherein auf den Kompromiß und das Sich-Vertragen der Beteiligten angelegt und angewiesen ist. Der Kompromißcharakter entbindet nicht von den oben (B I — VI) dargestellten verfassungsrechtlichen Vorgaben an den Finanzausgleich. Nicht sie stehen zur Disposition, sondern allenfalls der Weg und die Technik, mit denen ihnen genügt wird.

An diesen Grundsätzen ändert sich wohl auch dadurch nichts, daß auch Niedersachsen als Hauptbetroffener dem Kompromiß zugestimmt hat[224].

2. Die Funktion der niedersächsischen „Rechtsverwahrung"

Während des Gesetzgebungsverfahrens und später hat Niedersachsen wiederholt auf den Kompromißcharakter der Regelung und seinen an sich abweichenden Rechtsstandpunkt hingewiesen.

Im Interesse der politischen Klarheit der Verhältnisse sind diese Erklärungen Niedersachsens zu begrüßen; ob sie auch rechtlich notwendig waren, ist demgegenüber eine untergeordnete Frage. Ganz auszuschließen ist nicht, daß nur eine derartige klare Stellungnahme das Land vor dem späteren Vorwurf rechtswidersprüchlichen Verhaltens zu schützen vermag.

---

[224] *Bovermann,* Die Grenzen der Inanspruchnahme eines Landes im horizontalen Finanzausgleich unter besonderer Berücksichtigung der Frage der Verfassungsmäßigkeit des Länderfinanzausgleichsgesetzes 1958, Diss. Köln, o. J. (1962), S. 125, will sehr viel weitergehend Verstößen gegen die vom Grundgesetz bestimmten Grenzen des horizontalen Finanzausgleichs dann „keine praktische Bedeutung" zumessen, „wenn der horizontale Finanzausgleich in seiner jetzigen Form das Ergebnis einer Einigung der beteiligten Länder wäre, denn selbstverständlich kann ein Land sich freiwillig zu Ausgleichsleistungen in jeder beliebigen Höhe, also auch über den in Art. 107 Abs. 2 GG gesetzten Rahmen hinaus, bereit erklären". Eine Begründung für diese in seinem Schlußwort enthaltene Bemerkung gibt *Bovermann* nicht; auf die im Text geäußerten Bedenken gegen die heilende Kraft der Einwilligung in eine „Überlastquote" geht er nicht ein.
Andere Stimmen scheinen sich zu diesem Fragenkreis nicht geäußert zu haben.

C. Förderabgabe und Bundesergänzungszuweisungen nach Art. 107 II 3 GG

In der einleitenden Darstellung dieser Untersuchung war auf die verschiedenen Forderungen und Bemühungen, die bergrechtliche Förderabgabe auch im Rahmen der Bundesergänzungszuweisungen nach Art. 107 II 3 GG zu berücksichtigen, hingewiesen worden. Sie haben bisher zu keinem Erfolg geführt[225].

I. Techniken der Einbeziehung der Förderabgabe in die Bundesergänzungszuweisungen

Wenn man von der Möglichkeit absieht, daß der Bund den Betrag, den er den Ländern in Gestalt von Ergänzungszuweisungen zur Verfügung stellen will, schlicht um den Betrag des gesamten Förderabgabenaufkommens oder einen Teil davon kürzt, kämen insbesondere folgende Techniken der Berücksichtigung der Förderabgabe im Rahmen des Art. 107 II 3 GG in Betracht:

— Von der einem Land zugedachten Bundesergänzungszuweisung wird das diesem Land zur Verfügung stehende Aufkommen aus der Förderabgabe abgezogen. Lediglich der Differenzbetrag, sofern einer verbleibt, wird ihm zugewiesen.

— Wenn im horizontalen Finanzausgleich — wie nach der geltenden Regelung — nur ein Teil des Aufkommens aus der Förderabgabe berücksichtigt wird, setzt der Bund von der geplanten Ergänzungszuweisung den nicht berücksichtigten Restbetrag aus dem Aufkommen ab und zahlt wiederum nur die Differenz, sofern der Restbetrag nicht ohnehin die beabsichtigte Ergänzungszuweisung übersteigt.
Der Bund zieht denselben Teilbetrag, der im horizontalen Finanzausgleich berücksichtigt worden ist, von der beabsichtigten Ergänzungszuweisung ab.

— Der Bund ermittelt auf der Grundlage des umfassenden, auch die Förderabgabe einbeziehenden horizontalen Finanzausgleichs nach der neuen Rechtslage einen neuen Verteilungsschlüssel, ohne zusätzlich einen der soeben beschriebenen Wege zur weiteren Schmälerung der Ergänzungszuweisungen zu beschreiten.

---

[225] Vgl. oben A I 2 b), S. 14; II 5, S. 29 ff.

Wie dargestellt, haben sich die Sachverständigen, die vom Finanzausschuß des Bundestages anläßlich der Beratungen des Haushaltsbegleitgesetzes 1983 gehört worden waren, ausnahmslos für die Berücksichtigung der Förderabgabe bei der Ergänzungszuweisung ausgesprochen. Die Art und Weise der Berücksichtigung blieb freilich offen. Eingehender äußert sich nur *Kisker*[226], der eine Änderung des Verteilungsschlüssel als systemwidrig und damit verfassungswidrig ablehnt[227].

II. Grundgedanken des Art. 107 II 3 GG

1. Subsidiarität und Spitzenausgleichsfunktion der Ergänzungszuweisungen

Nach ganz unbestrittener Ansicht dienen die Ergänzungszuweisungen, *wenn* sich der Bund zu ihnen entschließt, dem Ausgleich derjenigen Finanzkraftunterschiede, die der horizontale Finanzausgleich noch übriggelassen hat, ohne sein Ziel des „angemessenen" Ausgleichs zu erreichen. Es geht mithin um einen Spitzenausgleich, der auf den Ergebnissen des vorangehenden horizontalen Finanzausgleichs aufbaut[228].

Dabei erlaubt das Wort „Spitzen"-Ausgleich keine Rückschlüsse auf die quantitativen Größenordnungen; es besagt nicht etwa, daß die Ergänzungszuweisungen im Verhältnis zu der Umverteilung im horizontalen Finanzausgleich nur geringfügige Beträge ausmachen dürften[229].

Für die herrschende Auffassung spricht in der Tat eine Reihe entscheidender Gesichtspunkte:

a) Ohne den redaktionellen Aufbau des Art. 107 II GG überzubewerten, spricht doch die Zusammenfassung des eigentlichen horizontalen Ausgleichs und der Bundesergänzungszuweisungen in einem gesonderten Absatz dafür, daß beide Techniken demselben Ziel gelten, das freilich ausdrücklich nur in S. 1 genannt ist, die unterschiedliche Finanzkraft der Länder angemessen auszugleichen.

---

[226] Der bergrechtliche Förderzins, a.a.O., S. 47—53.
[227] a.a.O., S. 52 f.
[228] Vgl. dazu nur *Vogel / Kirchhof*, Bonner Kommentar, Zweitbearb. 1971, Rdnr. 175 ff. zu Art. 107; *Pagenkopf*, Der Finanzausgleich im Bundesstaat, 1981, S. 186; *Kisker*, Der bergrechtliche Förderzins, a.a.O., S. 36; ferner die Sachverständigen in der Anhörung des Finanzausschusses des Bundestages (vgl. oben A II 5 c, S. 32 ff.).
[229] Vgl. auch zur tatsächlichen Entwicklung *Renner*, Finanzausgleich unter den Ländern und Bundesergänzungszuweisungen, in: Geske (Bearb.), Die Finanzbeziehungen zwischen Bund, Ländern, Gemeinden, a.a.O., S. 327 (351 ff.). — Inhaltsgleich mit BMF-Dokumentation 6/82: Finanzausgleich unter den Ländern und Bundesergänzungszuweisungen.

b) Die oben[230] bereits dargestellte Entstehungsgeschichte bestätigt dies. Danach geht es dem horizontalen Finanzausgleich auch nach der Umformulierung im Zuge der Finanzreform um einen Ausgleich zwischen leistungsfähigen und leistungsschwachen Ländern. Von der Leistungsschwäche ist seitdem nur noch in S. 3 die Rede. Auch sprachlich war bis 1969 unmißverständlich, daß horizontaler Finanzausgleich und Bundesergänzungszuweisungen demselben Ziel, Abbau der Leistungsschwäche, damit Angleichung unterschiedlicher Finanzkraftverhältnisse, gewidmet waren. Daran hat sich in der Sache bis heute nichts geändert.

c) Art. 107 II 3 GG umschreibt diesen Sachverhalt deutlich auch dadurch, daß er von der *„ergänzenden* Deckung" des allgemeinen Finanzbedarfs der betreffenden Länder spricht und die Bundesmittel als *Ergänzungs*zuweisung bezeichnet.

2. Der horizontale Finanzausgleich als verbindliche und ausschließliche Grundlage der Ergänzungszuweisungen

Die beschriebene Ergänzungsfunktion kann von den Bundesmitteln nach Art. 107 II 3 GG, wenn sie den Ländern zufließen, nur erfüllt werden, wenn sie auf der Grundlage der Ergebnisse des horizontalen Finanzausgleichs — und *nur* auf dieser Grundlage — verteilt werden. *Wenn* sich der Bund zur Unterstützung der Länder nach S. 3 entschließt, sind die sich aus dem horizontalen Finanzausgleich ergebenden Daten für ihn verbindlich. D. h. insbesondere, daß sich die „Leistungsschwäche" eines Landes nach der Position bemißt, die das Land nach der Durchführung des horizontalen Ausgleichs innehat.

Der Bund ist gehindert, davon abweichende oder zusätzliche Kriterien für die Leistungsschwäche heranzuziehen. Er kann das Ob und die Gesamthöhe seiner Ergänzungszuweisungen bestimmen, ist jedoch bei der Errechnung des Verteilungsschlüssels an die Daten aus dem horizontalen Finanzausgleich gebunden. Sie allein sind maßgeblich für den jeweiligen Anteil der leistungsschwachen Länder. Alles was zulässigerweise als Maßstab der Leistungsschwäche im Rahmen des Art. 107 II GG verwertet werden darf, ist bereits in den horizontalen Finanzausgleich einbezogen worden. Was von der im horizontalen Finanzausgleich festgestellten und abgemilderten Leistungsschwäche noch bleibt, mögen die Ergänzungszuweisungen des Bundes ausgleichen; etwas anderes dürfen sie nicht.

---

[230] B II 3 a) cc), S. 55 ff.

III. Folgerungen für das Aufkommen aus der Förderabgabe

Für die Förderabgabe heißt dies konkret, daß der Bund sie insoweit „berücksichtigen" darf und muß, als sie in zulässiger Weise in den horizontalen Finanzausgleich einbezogen worden ist. D. h.:

(1) Wenn man mit der hier vertretenen Auffassung der Meinung ist, daß die Förderabgabe auch nicht mit einem Teilbetrag im horizontalen Finanzausgleich berücksichtigt werden darf, darf der Bund sie auch bei der Verteilung der Ergänzungszuweisungen weder ganz noch teilweise in Ansatz bringen.

(2) Wenn man entgegen der hier vertretenen Auffassung die Berücksichtigung der Förderabgabe im horizontalen Finanzausgleich ganz oder teilweise für zulässig hält, ergibt sich aus der oben unter II. geschilderten Funktion der Ergänzungszuweisungen folgendes:

(a) Die Förderabgabe kann nur in den horizontalen Finanzausgleich eingeführt werden. *Dort* gibt sie Auskunft über die Leistungsschwäche oder Leistungsstärke des betreffenden Landes. Die Berechnungen im Rahmen des horizontalen Finanzausgleichs ergeben, ob das Land ausgleichsberechtigt (d. h. leistungsschwach) ist, obwohl ihm die Förderabgabe zufließt. Auf dem Ergebnis dieser Berechnungen baut S. 3 auf.

Nur in diesem Sinne kann sich die Förderabgabe ganz oder zum Teil auf die Ergänzungszuweisungen und den Verteilungsschlüssel auswirken. Ein auf der Basis der Ergebnisse des horizontalen Finanzausgleichs festgesetzter Verteilungsschlüssel darf nicht nochmals revidiert werden. Keine der oben unter I. angegebenen drei ersten Techniken der Modifikation eines zunächst festgesetzten Verteilungsschlüssels ist verfassungsgemäß.

(b) Die Verbindlichkeit des horizontalen Finanzausgleichs bedeutet auch, daß der Bund die Förderabgabe, soweit sie (unterstellt) zulässig in den horizontalen Ausgleich einbezogen worden ist, bei den Ergänzungszuweisungen nicht ignorieren darf. D. h. er darf die Leistungsschwäche eines Landes nicht ungeachtet der Ergebnisse des horizontalen Finanzausgleichs dadurch korrigieren, daß er sie unter Ausklammerung des Förderabgabenaufkommens erneut berechnet.

So gesehen, wird die Förderabgabe stets „doppelt" berücksichtigt. Der Bund kann sich im Rahmen des S. 3 nicht so stellen, als habe er nicht soeben — bei der Regelung des horizontalen Finanzausgleichs — das Aufkommen aus der Förderabgabe über den einheitlichen Begriff der „Leistungsschwäche" mitentscheiden lassen. Daran ist er bei der Verteilung der Ergänzungszuweisung gebunden. Insofern geht es nicht um eine „doppelte", sondern um konsequente Berücksichtigung der Förderabgabe.

Diese konkreten Folgerungen aus dem Zusammenspiel zwischen horizontalem Finanzausgleich und Bundesergänzungszuweisungen stellen keine auf die Förderabgabe gemünzte Besonderheit dar; sie gelten für alle Einnahmen, die zulässigerweise in den horizontalen Finanzausgleich einbezogen werden.

IV. Sonderregeln für die Übergangszeit?

Eine gewisse Modifikation dieser Folgerungen könnte sich daraus ergeben, daß das Haushaltsbegleitgesetz 1983, wenn man der Ansicht einiger Bundesländer folgt, mit der nur teilweisen Einbeziehung des Förderaufkommens die wirkliche Leistungsfähigkeit der Förderländer, insbesondere Niedersachsens, nicht widerspiegelt. Immer unterstellt, *daß* die Förderabgabe überhaupt berücksichtigt werden darf, könnte man sich auf den Standpunkt stellen, daß ein verfassungsmäßiger horizontaler Finanzausgleich die *volle* Einbeziehung der Förderabgabe verlange. Wenn dies, wie im Falle der Regelung des Haushaltsbegleitgesetzes 1983, nicht geschehe, *müsse* der Bund für die Zwecke der Ergänzungszuweisungen ein genaueres Bild von der Leistungsschwäche nachzeichnen, d. h. die zunächst nicht berücksichtigte Förderabgabe (wenigstens) an dieser Stelle einbeziehen. Die — unterstellte — Unvollkommenheit des horizontalen Finanzausgleichs wird auf diese Weise mit Hilfe der Ergänzungszuweisungen des Bundes korrigiert.

Diese Überlegungen, die wohl auch hinter den politischen Äußerungen einiger Bundesländer stehen dürften, wenn sie auch in dieser Form bisher nicht vorgetragen worden sind, unterstützen das gewünschte Ergebnis juristisch jedoch nicht. Sie sprechen allein für die Verfassungswidrigkeit des geltenden Finanzausgleichsgesetzes, soweit die Einbeziehung der Förderabgabe getroffen ist. Während diese Untersuchung der Auffassung ist, daß die Regelung verfassungswidrig sei, weil die Förderabgabe einbezogen werde, läuft die Argumentation der Bundesländer im Grunde darauf hinaus, daß sie ebenfalls, wenn auch aus anderem Grunde, nämlich wegen der unvollkommenen Einbeziehung, verfassungswidrig sei. Denn sie verfehlt das erste Teilziel des horizontalen Finanzausgleichs: die Leistungsschwäche bzw. die Leistungsfähigkeit der Länder mit geeigneten Kriterien zu umschreiben. Eine solche Verfassungswidrigkeit aber kann mit Hilfe des Ergänzungsinstituts des S. 3 nicht geheilt werden. Im Gegenteil, wenn der Bund dies über S. 3 versuchte, würde auch die Regelung der Ergänzungszuweisung verfassungswidrig werden, weil sie sich nach einer verfassungswidrigen Grundlage ausrichtete.

D. Zusammenfassung der Untersuchungsergebnisse

1. Die bergrechtliche Förderabgabe ist *keine Steuer*. Sie stellt die Gegenleistung des Förderunternehmens für eine „besondere Leistung" des Staates in Gestalt der Hingabe der Bodenschätze dar (B III, S. 64 ff.).

2. Die bergrechtliche Förderabgabe läßt sich auch *nicht wie eine Steuer* (als Quasi-Steuer) behandeln. Weder die Vorstellung einer „Gebührensteuer" noch das Kriterium der „Fungibilität" des Abgabeaufkommens vermögen die Förderabgabe in eine solche Nähe zu einer echten Steuer zu rücken, daß eine analoge Anwendung der für Steuern geltenden Vorschriften in Betracht käme (B IV, S. 78 ff.).

3. Als Abgabe, die weder eine Steuer ist noch wie eine Steuer behandelt werden kann, ist die Förderabgabe nicht in den horizontalen Finanzausgleich, verstanden als *Steuerkraftausgleich*, einzubeziehen. Dafür, daß Art. 107 II 1, 2 GG den horizontalen Finanzausgleich als Steuerkraftausgleich versteht, sprechen insbesondere die Entstehungsgeschichte, die Systematik und die bisherige einfachgesetzliche Staatspraxis (B II, S. 37 ff.).

4. Die *vorsorgliche* Untersuchung, ob die Förderabgabe dann in den horizontalen Finanzausgleich einbezogen werden darf oder muß, wenn sich der Ausgleich nicht auf einen Steuerkraftausgleich beschränkt, führt ebenfalls zu negativem Ergebnis. Nach dem geltenden Verfassungsrecht fällt die *Förderabgabe* (gleichgültig, ob als Steuer oder als Nicht-Steuer qualifiziert) *nicht unter die berücksichtigungsfähigen Einnahmen* (B III, IV, V, S. 64 ff., 78 ff., 89 ff.).

5. Die Förderabgabe gehört zu den vermögensunwirksamen Einnahmen, die den *Nettovermögensstatus* des Landes nicht vermehren, wenn sie auch seine *Liquidität* verbessern. Nicht-steuerliche Einnahmen dürfen in den horizontalen Finanzausgleich aber nur dann einbezogen werden, wenn sie per Saldo zu Überschüssen führen (B V, S. 91 ff.).

6. Die Abgabe würde den Nettovermögensstatus der Förderländer nur dann verbessern, wenn die Bodenschätze nicht ihnen, sondern dem Bund, der Gesamtheit der Länder oder „den Bürgern" schlechthin „gehörten". Verfassung und Berggesetzgebung lassen keinen Zweifel daran, daß die *Bodenschätze dem Land „gehören"*, in dem sie belegen sind. Die Förderabgabe wird also z. B. an Niedersachsen für „seine" Bodenschätze

gezahlt (B V, S. 93 ff.). Das ist nicht im Sinne einer direkten zivilrechtlichen Eigentümerposition gemeint, wohl aber einer dieser nahestehenden sachwertbezogenen Verfügungsbefugnis.

7. Erdöl und Erdgas gehören zu den *erschöpfbaren Ressourcen*. Der natürliche Reichtum eines Landes steht schon deswegen nicht zur Disposition des horizontalen Finanzausgleichs, weil dies das Land zu einer unwiederbringlichen *Vorleistung* zugunsten der anderen Länder zwingen würde. Nur solche Leistungen sind in den horizontalen Finanzausgleich einzubeziehen, die *regenerierbar* sind (B VI, S. 97 ff.).

8. Die Verfassungswidrigkeit der Einbeziehung eines Teiles des Aufkommens aus der Förderabgabe in den horizontalen Finanzausgleich durch das Haushaltsbegleitgesetz 1983 wird durch die Zustimmung der niedersächsischen Landesregierung im Bundesrat zum Gesetzesbeschluß nicht geheilt.

Die politisch motivierte Zustimmung präjudiziert einen abweichenden Rechtsstandpunkt Niedersachsens nicht (B VII, S. 100 f.).

9. Der Schlüssel, nach dem der Bund *Ergänzungszuweisungen* auf die einzelnen Länder verteilt, hat sich nach den Ergebnissen des horizontalen Finanzausgleichs zu richten. Die „*Leistungsschwäche*" als Voraussetzung der Ergänzungszuweisungen ergibt sich allein und verbindlich aus den Berechnungen des horizontalen Finanzausgleichs. Die dort „ausgleichsberechtigt" genannten Länder sind „leistungsschwach"; sollte der Ausgleich ihre Leistungsschwäche nicht völlig beseitigt haben, kommen Ergänzungszuweisungen in Betracht (C II, S. 103 f.).

10. Die bergrechtliche Fördergabe kann daher den Schlüssel für die Verteilung der Ergänzungszuweisungen beeinflussen, wenn und soweit sie zulässigerweise in den horizontalen Finanzausgleich einbezogen ist. Da die Verfassung letzteres nicht gestattet, müssen auch die Ergänzungszuweisungen sie aus dem Spiel lassen.

Eine zulässigerweise beim horizontalen Finanzausgleich berücksichtigte Einnahme darf sich auf Verteilung der Ergänzungszuweisungen *nur über die Berechnungen des horizontalen Ausgleichs* auswirken. Sie darf nicht nochmals in irgendeiner Weise oder zu irgendeinem Teil den auf der Grundlage der Ergebnisse des horizontalen Finanzausgleichs gewonnenen Verteilungsschlüssel modifizieren (C III, S. 105 f.).

Printed by Libri Plureos GmbH
in Hamburg, Germany